MOLIÈRE.

L'ÉTOURDI,

PRÉCÉDÉ D'UNE

VIE DE MOLIÈRE,

ILLUSTRÉ

PAR JANET-LANGE.

PRIX : 25 CENTIMES.

PARIS,
PUBLIÉ PAR GUSTAVE BARBA, LIBRAIRE-EDITEUR,
RUE DE SEINE, 31.

PANTHÉON POPULAIRE

MOLIÈRE
ILLUSTRÉ
PAR JANET-LANGE

GUSTAVE BARBA, ÉDITEUR.   BEST, HOTELIN ET RÉGNIER, GRAVEURS.

L'ÉTOURDI,
COMÉDIE EN CINQ ACTES.

DE MOLIÈRE.

Quel est le meilleur auteur de mon temps? demandait Louis XIV à Racine. — C'est Molière, répondit sans hésitation le poëte tragique. — Je ne le croyais pas, dit le roi, mais vous vous y connaissez mieux que moi.

Boileau rendait le même hommage à Molière, disant : Je ne lui connais point de supérieur pour l'esprit et pour le naturel. Ce grand homme l'emporte de beaucoup sur Corneille, sur Racine et sur moi. Car, ajoutait-il en riant, il faut bien que je me mette de la partie.

La postérité a ratifié le jugement que portaient sur Molière ses plus illustres contemporains. Aucun de nos écrivains n'est plus universellement admiré. Lisez les Trois Siècles de Sabbatier de Castres, les Mémoires de Palissot, les Observations sur la comédie de Goboni, l'Art de la comédie et les Études sur Molière de Cailhava, les Histoires du théâtre des frères François et Claude Parfait, du chevalier de Mouhy, de

Beauchamp, du duc de La Vallière, de M. H. Lucas; les Cours de littérature de La Harpe, de Batteux, de Marmontel, de Villemain, de Saint-Marc Girardin ; les Siècles littéraires de Desessart; les biographies spéciales de Charles Perrault, de Grimarest, de La Serre, de Voltaire, d'Auger, de J. Taschereau; tous exaltent, encensent, idolâtrent le plus illustre des poëtes comiques. Il a été loué sur tous les tons en prose et en vers, comme dramaturge et comme philosophe ; il n'a manqué d'honneurs ni de son vivant, ni après sa mort.

Le 13 brumaire an VIII (4 nov. 1799) M. Alexandre Lenoir, architecte, conservateur des monuments français, assisté de Cailhava et de La Porte, fils d'un souffleur de la Comédie-Française, apposa sur une maison de la rue de la Tonnellerie cette inscription : *J.-B. Poquelin de Molière est né en cette maison en 1620.* L'habitation a été reconstruite, mais l'on y a scrupuleusement conservé le buste de Molière avec ces mots: *J.-B. Poquelin Molière. Cette maison a été bâtie sur l'emplacement où il naquit l'an 1620.*

C'est une double erreur.

Molière ne naquit pas en 1620, et son père n'habitait pas la rue de la Tonnellerie. Divers actes authentiques, découverts par de patients investigateurs, permettent de préciser tous les faits relatifs à Molière. On a relevé sur les registres de l'église Saint-Eustache l'acte des fiançailles et du mariage de ses parents, à la date du 25 et du 26 avril 1661, et son acte de baptême, qui est conçu en ces termes :

« Du samedi 15 janvier 1622, fut baptisé Jean, fils de Jean Pouquelin, tapissier, et de Marie Cressé, sa femme, demeurant rue Saint-Honoré, le parrain Jean Pouquelin, porteur de grains, la marraine, Denise les Cacheux, veuve de feu Sébastien Asselin, vivant marchand tapissier. »

Comme il était d'usage, lorsqu'un enfant était présenté à l'église, un ou plusieurs jours après sa naissance, d'indiquer cette circonstance sur les registres, il est hors de doute que Jean Poquelin vint au monde le matin du 15 janvier 1622. Son véritable nom, mal orthographié par le scribe de la paroisse, se retrouve dans un catalogue manuscrit contenant les noms des propriétaires et des principaux locataires de plusieurs maisons de la rue Saint-Honoré.

« Année 1637, maison où pend pour enseigne le *Pavillon de Cinges*, appartenait à M. Moreau, et occupée par le sieur J. Pocquelin, maître tapissier. Elle consiste en un corps d'hôtel, boutique et cour faisant le coin de la rue des Estuvées, taxée à 8 livres. »

Par un contrat passé le 27 septembre 1608 devant maître Levasseur, notaire au Châtelet, *la maison des Cinges, au coin de la rue des Vieilles Étuves* est vendue moyennant 32,000 livres, à la charge par l'acquéreur d'entretenir le bail fait à J. Pocquelin, marchand tapissier.

Cette maison est aujourd'hui détruite; une partie de son emplacement a été utilisé pour l'élargissement de la rue des Vieilles-Étuves, et sur l'autre s'est élevée une maison nouvelle, qui donne à la fois dans cette rue et dans la rue Saint-Honoré. Le vieux poteau cornier, qui représentait les singes échelonnés sur un pommier, avait été transporté au musée des monuments français, et l'on ignore ce qu'il est devenu depuis la dispersion des richesses de cette collection.

Le père de Molière eut plus tard une habitation aux halles de Paris; mais au lieu d'être située rue de la Tonnellerie, elle se trouvait du côté opposé, sous les Petits-Piliers ou Piliers d'Étain, en face de la fontaine du Pilori, qu'alimentaient les eaux de l'aqueduc des Prés-Saint-Gervais. Cette position topographique est indiquée par l'acte de décès suivant : « Mercredi 27 février 1669, service complet; assistance de M. le curé; quatre prêtres porteurs pour défunt Jean Poquelin, tapissier valet de chambre du roi, bourgeois de Paris, demeurant sous les piliers des Halles, devant la fontaine, a été inhumé dans notre église (Saint-Eustache). »

Le père et le grand-père de Molière étaient tapissiers et valets de chambre du roi. Cinq de ses parents avaient été juges-consuls de la ville de Paris depuis 1547 jusqu'en 1585. Cette juridiction, qui donna naissance au tribunal de commerce, avait été créée par Charles IX. Les magistrats en étaient tirés des six corps, des marchands drapiers, épiciers, apothicaires, merciers, pelletiers, orfévres et bonnetiers, et tous les commerçants un peu notables avaient l'ambition d'en faire partie. Le père de Molière rêva pour son fils les honneurs du consulat, et le vouant à vendre ou à poser des tapis, il se contenta pour toute éducation de lui apprendre l'écriture, la lecture et les quatre règles. L'intelligence de Molière aurait pu s'étioler faute de soins et de développements, sans l'intervention de son grand-père qui aimait passionnément le théâtre, et conduisait souvent son petit-fils à l'hôtel de Bourgogne, situé dans la rue Mauconseil, et occupé par les meilleurs comédiens du temps. On y remarquait entre autres Hugues Quéru, dit Gaultier-Garguille; Robert Guérin, dit Gros-Guillaume; Henri Legrand, dit Turlupin; et, dans un genre plus relevé, Pierre le Messier, dit Belle-Rose, qui jouait les héros de Corneille.

Le tapissier, qui destinait son fils à la survivance de sa charge et de sa boutique, vit avec déplaisir qu'on l'habituait à la dissipation en le conduisant sans cesse au spectacle. « Avez-vous donc envie d'en faire un comédien? disait-il un jour à l'aïeul. — Plût à Dieu, s'écria celui-ci, qu'il fût aussi bon comédien que Belle-Rose! »

Peu à peu les idées de l'enfant s'élargirent. Il entrevit une autre sphère que celle où on voulait le laisser végéter, et demanda à étudier. Il avait quatorze ans lorsqu'il lui fut permis d'entrer au collège que les jésuites avaient fondé en 1564, dans la rue Saint-Jacques, sous le nom de collège de Clermont ou de la Société de Jésus. Il ne fallut que cinq ans au jeune homme pour faire toutes ses classes y compris la philosophie. Il eut pour professeur Pierre Gassendi, astronome et philosophe, qui aurait ressuscité les doctrines mal appréciées d'Epicure pour les opposer à celle d'Aristote. Molière s'enthousiasma du livre *De Natura rerum* de l'épicurien Lucrèce, et en commença même une traduction en vers qui fut son premier essai littéraire. Il la disposa plus tard pour l'impression; mais un domestique prit par mégarde un cahier de cette traduction pour faire des papillotes, et Molière, qui était assez irritable, jeta le reste au feu dans un accès de mauvaise humeur. Il ne nous reste de son œuvre que la charmante tirade que débite Éliante à la fin de la scène v de l'acte II du *Misanthrope*. Par une assez heureuse innovation, le jeune Poquelin avait rendu en prose tout l'argumentation philosophique, et en vers les magnifiques descriptions dont le poëme de Lucrèce est enrichi.

Au nombre des condisciples de Molière étaient des jeunes ge devinrent plus tard des hommes distingués, tels que le prince de François Bernier, qui donna le premier des renseignements exa l'Indoustan; Cyrano de Bergerac, le facétieux auteur du *Voyag la lune*; Jean Hesnault, connu par le sonnet de l'*Avorton*, et L'Hu Chapelle, écrivain facile, causeur aimable, qui dut sa reno moins aux grâces négligées de ses écrits qu'aux brillantes saillies conversation.

Au moment où Molière terminait ses études et où il se prép suivre désormais ses penchants, il fut obligé de suivre le roi Loui dans le Midi. Son père, retenu à Paris par les affaires commer était dans l'impossibilité de remplir les fonctions de valet de bre, et il fallut que celui qui devait avoir sa survivance le rem auprès du monarque. Cette excursion dut développer le génie d quelin. Il vit Perpignan repris sur les Espagnols, et Richelieu p mourant ranimant toute son énergie pour déjouer la conspirati Cinq-Mars. De retour à Paris, Molière paraît avoir songé à s avocat, si l'on en croit un passage d'*Elomire, ou les Médecins v* comédie publiée en 1670 par le Boulanger de Chalussay.

> En quarante et quelque peu devant,
> Je sortis du collége, et j'en sortis savant;
> Puis venant d'Orléans, où je pris mes licences,
> Je me fis avocat au retour des vacances;
> Je suivis le barreau pendant cinq ou six mois,
> Où j'appris à plein fond l'ordonnance et les lois.
> Mais, quelque temps après, me voyant sans pratique,
> Je quittai là Cujas, et je lui fis la nique.
> Me voyant sans emploi, je songe où je pouvais
> Bien servir mon pays des talents que j'avais;
> Mais ne voyant point où que dans la comédie,
> Pour quoi je me sentais un merveilleux génie,
> Je formai le dessein de faire en ce métier
> Ce qu'on n'avait point vu depuis un siècle entier,
> C'est-à-dire, en un mot, ces fameuses merveilles
> Dont je charme aujourd'hui les yeux et les oreilles.

Tallemant des Réaux prétend au contraire que Molière fut d à l'état ecclésiastique, et il termine ainsi une revue des comédie 1656 : « Il faut finir par la Béjart. Je ne l'ai jamais vue, mais o que c'est la meilleure actrice de toutes. Elle est dans une trou campagne. Elle a joué à Paris, mais ça a été dans une troisième t qui n'y fut que quelque temps. Un garçon, nommé Molière, les bancs de la Sorbonne pour la suivre. Il en fut longtemps a reux, donnait des avis à la troupe, et enfin s'en mit et l'épousa fait des pièces où il y a de l'esprit; mais ce n'est pas un merve acteur, si ce n'est pour le ridicule. Il n'y a que sa troupe qui jo pièces. Elles sont comiques. » Tallemant des Réaux confond Mad Béjart avec sa jeune sœur, Armande-Grésinde-Claire-Elisabeth B mais il est possible que l'amour pour une actrice quelconque ait cause déterminante qui lança Poquelin sur la scène. Abando brusquement la jurisprudence ou la théologie, il entra dans une t d'amateurs qui s'intitulait audacieusement l'*Illustre théâtre*. Les bres de cette association donnèrent successivement des représent dans la rue Mazarine, dans les fossés de la porte de Nesle, pu port Saint-Paul, et enfin dans le jeu de paume de la Croix-Bla rue de Bussy, faubourg Saint-Germain. Il existe une tragédie de Magnon, Mâconnais, dont le titre porte *Artaxerce*, tragédie dédi monseigneur de Chaudenier, abbé de Citeaux, et représentée par lustre théâtre. Paris, Cardin Besongne, in-4º.

En apprenant que son fils s'était fait *histrion*, le père Poquel au désespoir. Il mit en avant des amis qui firent auprès du jeune ho des démarches aussi réitérées qu'infructueuses. Perrault raconte ses *Hommes illustres* qu'au nombre de ces ambassadeurs fut un n d'école chez lequel Jean-Baptiste Poquelin avait commencé son cation. Le brave homme lui tint une harangue des plus éloquentes le déterminer à ne pas monter sur les planches. Mais Molière, sa réplique, dépeignit avec tant d'énergie les charmes de la vi mique, que le pédagogue résolut de le suivre et devint le docte la troupe. Ce serait pour lui, dit-on, que Molière aurait compos premiers essais, le *Maître d'école*, le *Docteur amoureux* et les *Docteurs rivaux*. Tout ce que la famille consulaire de Molière pu obtenir de son indigne héritier, ce fut qu'il ne déshonorerait p nom glorieux de ses ancêtres : il adopta le pseudonyme de Mo Où le prit-il? c'est ce que l'on ignore. Peut-être découvrit-il ce euphonique dans une de ses pérégrinations. Car il y a plusieurs lités appelées Molière, et il est à remarquer qu'elles sont si dans le Midi, où notre auteur s'essaya. On connaissait déjà un écr de ce nom, François de Molière, qui avait publié avec succès, en 1632, trois romans, la *Semaine amoureuse*, le *Mépris de la co* la *Polyxène*.

Molière, en adoptant un pseudonyme, suivit l'exemple de la part des acteurs de son temps. Plus libre après cette transforma il se donna tout entier à des études dramatiques et prit les leço Tiberio Fiurelli, dit *Scaramouche*. Cet acteur célèbre faisait partie de la troupe italienne que le cardinal Mazarin avait app en 1659, et il jouait à l'hôtel de Bourgogne. Les Mémoires de [S]au portent à la date du 17 février 1685 : « On nous apprit la [mort] de Scaramouche, le meilleur comédien qui ait jamais été ; il [jouait] sans masque, et quoiqu'il eût plus de quatre-vingts ans il était [un] fort bon acteur. » Les relations qu'il eut avec Molière sont [indi]quées au bas de son portrait par les vers suivants :

> Cet illustre comédien
> De son art traça la carrière ;
> Il fut le maître de Molière,
> Et la nature fut le sien.

[La] troupe dans laquelle entra Molière avait pour directeur Béjart, homme assez distingué, qui s'occupait d'art héraldique à ses moments de loisir, et qui a laissé un ouvrage intitulé *Recueil des titres*, [nom]*s, blasons et armoiries des prélats et barons des états du Languedo*c tenus en 1654. Béjart avait pour coadjuteur son frère, qui jouait [les va]lets ; sa sœur Madeleine Béjart, Duparc, surnommé Gros-René, [Du]gueneau, pâtissier de la rue Saint-Honoré, que l'amour des [a]rts détournait de sa profession. Cette association, qui n'avait [pu se] faire remarquer à Paris, prit le parti d'émigrer, en 1645, et [pendant] plusieurs années à errer de ville en ville. Elle fut favorablement [accueil]lie à Bordeaux par le duc d'Épernon, gouverneur de la Guyenne. [Ell]e se trouvait à Nantes en 1648 ; et on lit sur les registres de la [munici]palité de cette ville, à la date du 28 avril : « Ce jour est venu [au bu]reau le sieur Molière, lui et ses comédiens, et la troupe du sieur [Res]ne, qui a démontré que le restant de ladite troupe doit arriver [en ce] jour en cette ville, et a supplié très-humblement messieurs leur [perm]ettre de monter sur le théâtre pour représenter leurs comédies. [Sur] quoi le bureau arrête que la troupe desdits comédiens obtiendra [la per]mission de jouer sur le théâtre jusqu'à dimanche prochain. »
[Mo]lière était de retour à Paris en 1650. Il y fut gracieusement ac[cueill]i par son ancien camarade, Armand de Bourbon, prince de Conti, [qui se] passionnait pour le théâtre, et qui a même composé un livre [intitul]é *Traité de la Comédie et des Spectacles selon la tradition de [l'Égli]se*. Le prince était sur le point de se rendre à Pézenas, où il [devait] présider les états provinciaux du Languedoc. Il invita Molière [à veni]r y donner des représentations, et celui-ci reprit sa vie errante. [Il éta]it à Lyon en 1653, et y faisait représenter *l'Étourdi*. Avant de [donn]er au public cette pièce gaie et spirituelle, il avait débuté par [plusieu]rs comédies ou farces dont on ne connaît guère que les titres : [ce so]nt les *Trois Docteurs rivaux*, le *Maître d'école*, la *Jalousie [de Bar]bouillé*, le *Docteur amoureux*, le *Médecin volant*, *Gros-René éco[lier]*, le *Docteur pédant*, *Gorgibus dans le sac*, le *Fagotier*, la *Jalousie [de Gr]os-René*, la *Casaque*, le *Grand benêt de fils aussi sot que son père*. Les idées comiques qui pouvaient se trouver dans ces ébauches [ont ét]é plus tard reprises par l'auteur. Le *Fagotier* est devenu le *Mé[decin] malgré lui* ; la *Jalousie de Gros-René* a donné naissance à *Sga[narel]le*, et *Gorgibus dans le sac* aux *Fourberies de Scapin*. On peut [rec]onnaître *Thomas Diafoirus* dans le *Grand benêt de fils aussi [sot que] son père*.

[Le] succès de *l'Étourdi* fut tel, que deux autres troupes, depuis long[temps] en possession de divertir les Lyonnais, furent obligées de plier [bagag]e. Quelques acteurs des compagnies licenciées offrirent leur con[cours à] Molière. Parmi eux se trouvaient Duparc, qui avait appartenu [à l']autre théâtre ; mademoiselle Duparc, sa femme, Edme Willequin [du B]rie, et mademoiselle de Brie. Le cœur inflammable de Molière [fut qu]elque temps partagé entre les deux nouvelles actrices ; mais, re[poussé] par la fière Duparc, il chercha des consolations auprès de ma[demoi]selle de Brie, avec laquelle il resta lié jusqu'à l'époque de son [mari]age.

[Ch]arles Coypeau d'Assouci, ce poëte nomade qui parcourait la [France] un luth à la main, comme les anciens trouvères, rencontra [Moliè]re à Lyon en 1653, et il a laissé dans ses Mémoires des détails [i]ntéressants sur les rapports qu'ils eurent ensemble : « Ce qui me [combl]a de joie, dit-il, ce fut la rencontre de Molière et de messieurs [Béj]art. Comme la comédie a des charmes, je ne pus quitter sitôt [ces ch]armants amis : je demeurai trois mois à Lyon parmi les jeux, [les ris] et le festin, quoique j'eusse bien mieux fait de ne m'y pas [arrête]r un jour, car au milieu de tant de caresses je ne laissai pas d'y [trouv]er de mauvaises rencontres (il perdit son argent au jeu, et un [de se]s pages l'abandonna). Ayant ouï dire qu'il y avait à Avignon une [excel]lente voix de dessus dont je pourrais facilement disposer, je [m']embarquai avec Molière sur le Rhône, qui mène à Avignon, où [je sui]s arrivé avec quarante pistoles de reste du débris de mon nau[frag]e, comme un joueur ne saurait vivre sans cartes, non plus qu'un [ivrog]ne sans tasse, la première chose que je fis ce fut d'aller à l'aca[démi]e. J'avais déjà ouï parler du mérite de ce lieu et de la capacité [de plu]sieurs galants hommes qui y divertissaient les bienheureux passants [s'amu]sant à jouer le trois dés. J'en fus encore averti charitablement [par u]n fort honnête marchand de linge, qui, voyant ma bourse assez [mal] garnie, que j'avais ouverte pour lui payer quelques rabats, me [dit : «] Monsieur, tandis que vous avez la main au gousset, vous ferez [bien] de faire votre provision de linge, car je vous vois souvent entrer [par] cette porte (me montrant la porte de l'académie) où j'ai bien vu [entre]r des étrangers aussi lestes que vous, mais je vous puis assurer

par la part que je prétends en paradis que je n'en ai jamais vu aucun qui, au bout de quinze jours, en soit sorti mieux vêtu que notre premier père Adam sortit du paradis terrestre. Comme cette maison est un petit quartier de la Judée, et que les Juifs sont amoureux des nippes, ils joueront sur tout, et, bien que vous ayez le visage d'un fébricitant (il avait la fièvre), ne croyez pas que ce peuple mosaïque, qui ne pardonne pas à la peau, pardonne à la chemise. Après avoir gagné votre argent, ils vous dépouilleront comme au coin d'un bois, et vous gagneront votre habit. C'est pourquoi je vous conseille d'acheter au moins une paire de caleçons... » J'étais trop amoureux de mon métier pour écouter un conseil si contraire à ma passion dominante, et, jour pour jour, je me trouvai au bout du mois au même état que mon marchand de linge m'avait prédit. Un grand Juif, qui avait le nez long et le visage pâle, me gagna mon argent. Moïse me gagna ma bague, et Simon le lépreux mon manteau. Pierrotin, qui faisait gloire de m'imiter, rafla son baudrier contre Abraham. Je laissai donc tout à ce peuple circoncis, jusqu'à ma fièvre quarte que je perdis avec mon argent. Mais comme un homme n'est jamais pauvre tant qu'il a des amis, ayant Molière pour estimateur, et toute la maison des Béjart pour amie, en dépit du diable, de la fortune et de tout ce peuple hébraïque, je me vis plus riche et plus content que jamais ; car ces généreuses personnes ne se contentèrent pas de m'assister comme ami, elles me voulurent traiter comme parent. Étant commandés pour aller aux états, ils me menèrent avec eux à Pézenas, où je ne saurais dire combien de grâces je reçus ensuite de toute la maison. On dit que le meilleur frère est las, au bout d'un mois, de donner à son frère ; mais ceux-ci, plus généreux que tous les frères qu'on puisse avoir, ne se lassèrent point de me voir à leur table tout un hiver, et je peux dire

> Qu'en cette douce compagnie
> Que je repaissais d'harmonie,
> Au milieu de sept ou huit plats,
> Exempt de soin et d'embarras,
> Je passais doucement la vie.
> Jamais plus gueux ne fut plus gras,
> Et quoi qu'on chante, et quoi qu'on die
> De ces beaux messieurs des états,
> Qui tous les jours ont six ducats,
> La musique et la comédie ;
> A cette table bien garnie,
> Parmi les plus friands muscats,
> C'est moi qui soufflais la rôtie
> Et qui buvais plus d'hypocras.

En effet, quoique je fusse chez eux, je pouvais bien dire que j'étais chez moi. Je ne vis jamais tant de bonté, ni tant de franchise, ni tant d'honnêteté que parmi ces gens-là, bien dignes de représenter dans le monde les personnages des princes qu'ils représentent tous les jours sur le théâtre. Après donc avoir passé six bons mois dans cette cocagne, et ayant reçu de M. le prince de Conti, de Guilleragues et de plusieurs personnes de cette cour des présents considérables, je commençai à regarder du côté des monts ; mais comme il me fâchait fort de retourner en Piémont sans y amener encore un page de musique, et que je me trouvais un peu trop porté dans la province de France qui produit les plus belles voix aussi bien que les plus beaux fruits, je résolus de faire encore une tentative, et, pour cet effet, comme la comédie avait assez d'appas pour m'accommoder à mon désir, je suivis encore Molière à Narbonne. »

On trouve encore dans la Vie de Pierre de Boissat, écrite en latin par Nicolas Chorier, quelques détails sur le passage de Molière à Vienne en Dauphiné. S'il faut en croire Chorier, « Jean-Baptiste Molière, acteur distingué et excellent auteur de comédies, était venu à Vienne. Boissat lui témoignait beaucoup d'estime. Il n'allait pas, comme certaines gens qui affectaient une sotte et orgueilleuse austérité, disant du mal de lui. Quelque pièce que Molière dût jouer, Boissat voulait se trouver au nombre des spectateurs. Il voulait aussi que cet homme distingué dans son art prît place à sa table. Il lui donnait d'excellents repas, et ne faisait point comme font certains fanatiques, ne le mettait point au rang des impies et des scélérats, quoiqu'il fût excommunié. Cette affection pour Molière, cette passion pour le spectacle, finit par susciter une brave querelle à Boissat. Il avait fait retenir plusieurs places, parce qu'il devait conduire des femmes de distinction et des jeunes personnes à une comédie que Molière avait composée. Deux ou trois de ces places avaient été, par hasard, louées à Jérôme Vachier de Robillas ; Boissat néanmoins les obtint toutes sans difficulté, à cause de son mérite, de son crédit et de la distinction des femmes qu'il devait amener. Vachier se plaignit qu'on lui eût fait cette injure, et il pensait qu'il y avait là préméditation. Cet homme joignait aux avantages extérieurs un esprit vif et pénétrant, une grande force d'âme. Tout était noble en lui, excepté la naissance. Il figurait parmi les familiers du duc Henri de Montmorency dans le temps même où Boissat y figurait également et jouissait de toutes ses bonnes grâces. Supportant avec peine le chagrin qu'il ressentait de l'affront qui lui avait été fait, il cherchait l'occasion d'amener Boissat à un combat singulier, et de se venger ainsi. Moi alors devinant les intentions de Vachier, car nous étions assez unis par une amitié qui avait existé déjà entre nos parents, j'avertis de tout les amis de Boissat, qui étaient nombreux et bien choisis; pendant ce temps-là, je ne perdais pas de vue Boissat lui-même : à la fin, Georges de Musy, premier président de la cour des aides, et Jacques Marchier, avocat général de la même cour (à Vienne), interposant leur médiation, les deux partis se réconcilièrent et la querelle s'apaisa. »

Arrivée dans le Languedoc, la troupe de Molière fit presque seule les frais des divertissements que le prince de Conti offrait aux notables languedociens. Elle parcourut avec succès plusieurs villes, et représenta le *Dépit Amoureux* à Montpellier, en 1654. Molière produisit tant d'impression, que plusieurs anecdotes qui lui sont relatives ont été traditionnellement conservées. On se souvient que passant à cheval entre les villages de Bélarga et de Saint-Pons-de-Mauchien, il laissa tomber sa valise. Une paysanne qui travaillait dans un champ voisin franchit le fossé et cacha l'objet perdu sous l'ampleur de ses jupons. Molière, revenu sur ses pas, l'interrogea ; mais elle répondit avec tant d'audace, que, ne soupçonnant pas la ruse, il se remit tranquillement en route. Ses compagnons, auxquels il conta plus tard son histoire, voulaient qu'il fît de nouvelles recherches : « A quoi bon, répondit-il, je viens de Chigniac, je suis à Lavagnac, j'aperçois le clocher de Montagnac ; au milieu de tous ces *gnac*, ma valise est perdue. »

En passant à Gignac, Molière y vit des groupes attroupés autour d'un réservoir public, créé par les soins du consul de Laurès, et dans lequel les eaux de deux ruisseaux venaient se réunir. A l'inscription qui décorait cette fontaine :

Quœ fuit aut fugax, certe perennis erit,

Molière proposa de substituer :

Avide observateur qui voulez tout savoir,
Des ânes de Gignac c'est ici l'abreuvoir.

On a retrouvé le nom de Molière gravé sur une cloison du château de Lagrange des Prés, où demeurait le prince de Conti. On montre encore à Pézenas le fauteuil de Molière, au sujet duquel un habitant de cette ville, Poitevin de Saint-Cristol, adressa des renseignements à Cailhava en 1800, lorsque celui-ci publiait ses *Etudes sur Molière.* Cette lettre contient des détails assez curieux pour que nous la reproduisions *in extenso :*

« Pézenas, 7 ventôse an VII.

» Je n'ai pas perdu un moment, mon cher compatriote, depuis la réception de votre lettre du 10 nivôse, pour aller aux informations et me procurer les éclaircissements que vous me demandez. Je suis trop flatté de la mission et de son objet pour ne pas mettre de l'empressement et du zèle dans les recherches que vous exigez de moi. Voici tout ce que j'ai pu recueillir concernant le père de la comédie, pendant son séjour dans nos délicieux parages.

» Il est certain qu'il existe dans cette commune un grand fauteuil de bois auquel une tradition a conservé le nom de fauteuil de Molière ; sa forme atteste son antiquité ; l'espèce de vénération attachée à son nom l'a suivi chez les divers propriétaires qui en ont fait l'acquisition ; il est en ce moment chez le citoyen Astruc, officier de santé de cette commune. Voici ce que les Nestors du pays en racontent : ils disent que « pendant le temps que Molière habitait Pézenas, il se rendait as-
» sidûment tous les samedis, jours du marché, dans l'après-dînée, chez
» un barbier de cette ville, dont la boutique était très-achalandée ;
» elle était le rendez-vous des oisifs, des campagnards et des agréa-
» bles qui allaient s'y faire calamistrer : or vous savez qu'avant l'éta-
» blissement des cafés dans les petites villes, c'était chez les barbiers
» que se débitaient les nouvelles, que l'historiette du jour prenait du
» crédit, et que la politique épuisait les combinaisons. Le susdit grand
» fauteuil de bois occupait un des angles de la boutique, et Molière
» s'emparait de cette place. Un observateur de ce caractère ne pou-
» vait qu'y faire une ample moisson ; les divers traits de malice, de
» gaieté, de ridicule, ne lui échappaient point, et qui sait s'ils n'ont
» pas trouvé leur place dans quelques-unes des chefs-d'œuvre dont il a
» enrichi la scène française ! On croit ici au fauteuil de Molière
» comme à Montpellier à la robe de Rabelais. »

» Si jamais vous venez nous voir, nous vous ferons la galanterie de vous offrir le siège de votre devancier et de vous engager à présider, dans ce vénérable fauteuil, une des séances de notre modeste Société de lecture.

» La lettre du prince de Conti aux consuls de Pézenas, dont on vous a parlé, ne contient rien de bien remarquable ; elle leur ordonne d'envoyer des charrettes à Marseillan, pour transporter de là à Lagrange des Prés Molière et sa troupe. Je n'ai pu m'en procurer la lecture ; elle a été enlevée, dans ces derniers temps, des archives de la commune, et l'on ne sait ce qu'elle est devenue.

» La seule chose relative à Molière, consignée dans les archives de Marseillan, c'est qu'il fut établi une imposition sur les habitants de ce bourg pour indemniser Molière, qui était allé avec sa troupe y jouer la comédie.

» Poitevin de Saint-Cristol. »

L'estime dont Molière était entouré dès ses débuts redoubla l'[affec]tion qu'avait pour lui le prince de Conti, qui eut envie d'en fai[re son] secrétaire. L'amour de l'indépendance, le goût des lettres, l'[honneur] même, décidèrent Molière à refuser. Ses amis le blâmaient de n[e] point accepté un emploi si avantageux. « Eh ! messieurs, l[eur dit-il,] ne nous déplaçons jamais : je suis passable auteur, si j'en crois l[a voix] publique ; je puis être un fort mauvais secrétaire. Je diver[tis le] prince par les spectacles que je lui donne ; je le rebuterai par u[n tra]vail sérieux et mal conduit. Pensez-vous d'ailleurs qu'un misant[hrope] comme moi, capricieux si vous voulez, soit propre auprès d'un g[rand?] Je n'ai pas les sentiments assez flexibles pour la domesticité : [et] plus que tout cela, que deviendront ces pauvres gens que j'a[i amenés] si loin ? qui les conduira ? ils ont compté sur moi, et je me repr[oche]rais de les abandonner. » Grimarest, l'un des biographes de Mo[lière] ajoute que d'autres considérations l'empêchèrent de renoncer au thé[âtre:] « Il était ravi de se voir le chef d'une troupe ; il se faisait un plaisi[r vi]sible de conduire sa petite république ; il aimait à parler en pub[lic,] n'en perdait jamais l'occasion ; jusque-là que s'il mourait quelqu[e do]mestique de son théâtre, ce lui était un sujet de haranguer po[ur le] premier jour de comédie. Tout cela lui aurait manqué chez [le] prince de Conti. »

Au mois de décembre 1657, après une campagne d'éclatants su[ccès,] Molière se dirigea vers sa ville natale. Il s'arrêta à Grenoble, [où sa] troupe joua pendant le carnaval ; puis il se rendit à Rouen pour [pas]ser l'été, en attendant qu'il se fût assuré des protections suffi[santes] pour s'établir avantageusement à Paris. Il y faisait de fréquents v[oyages,] pendant lesquels il sut se concilier les bonnes grâces de Mon[sieur,] frère du roi, qui le présenta à Louis XIV et à la reine-mère. [Il fut] permit qu'on dressât dans la salle des gardes du vieux Louv[re un] théâtre pour la nouvelle troupe, qui vint y débuter le 24 octobre [1658.] Elle se composait des deux frères Béjart, de Madeleine Béjart [et de] sa sœur Armande, très-jeune encore, étant née en 1645 ; de Du[fresne,] d'Edme Willequin de Brie et de sa femme, de mademoiselle [Hervé,] d'un vieux comédien d'Argentan, nommé Du Fresne ; enfin d'un g[ros homme] à deux livres par jour, qui s'appelait Du Croisac. Cette brillante co[mpa]gnie représenta devant la cour la tragédie de *Nicomède.* Puis Mo[lière] s'avançant au milieu de la scène, remercia les assistants de leur [bien]veillance ; et faisant allusion aux comédiens de la rue Mauconse[il,] ajouta : « L'envie que nous avons eue de divertir le plus grand [roi du] monde, nous a fait oublier que Sa Majesté avait à son service d'[excel]lents originaux, dont nous ne sommes que de très-faibles copies ; [mais] puisqu'elle a bien voulu souffrir nos manières de campagne, je l[a sup]plie très-humblement d'avoir pour agréable que je lui donne [un de] ces petits divertissements qui m'ont acquis quelque réputation [dans] les provinces. » A la suite de cette allocution on donna *le Do[cteur] amoureux,* dans lequel Molière joua le principal rôle et qui fut [fort] heureusement applaudi. Ce fut à dater de cette soirée qu'on pri[t l'ha]bitude de donner régulièrement une petite pièce à la suite des [pièces] en cinq actes.

La troupe nouvelle avait réussi. Mais où l'installer ? C'était la [ques]tion. Les successeurs des confrères de la Passion occupaient l'hô[tel de] Bourgogne, et des comédiens italiens étaient logés au Petit-Bou[rbon.] C'était une galerie située près de la Seine, à l'extrémité de la ru[e des] Poulies, à l'endroit où se termine actuellement la grande colo[nnade] de Claude Perrault. Cette galerie était avec une chapelle le seul [reste] de l'habitation de Bourbon, démolie en 1525. L[e car]dinal Mazarin l'avait transformée en salle de spectacle pour une t[roupe] d'opéra, qui, en l'année 1645, importa le drame lyrique parmi [nous.] On y avait encore joué, vers la fin de janvier 1650, *Andromè[de,]* tragédie de Pierre Corneille, avec des machines et des décorati[ons de] Torelli, machiniste du roi, et la cour y avait dansé plusieurs [ballets] galants composés par Isaac de Bensérade. Louis XIV ordonna [un fixe] moyennant 1,500 livres payées aux Italiens, les acteurs de Mo[lière,] qu'on distingua par le nom de comédiens de Français, auraient le dro[it de] jouer les lundi, mardi, jeudi et samedi de chaque semaine. [Phi]lippe d'Anjou, frère du roi, autorisa la troupe nouvelle à prendr[e le] titre de troupe de Monsieur, et accorda à chacun des acteurs un bre[ve]vet de 300 livres de pension. Malheureusement, les registres cons[ervés] dans les archives de la Comédie-Française nous apprennent q[ue la] générosité du prince ne lui fut pas très-onéreuse ; car les 300 livr[es ne] furent jamais payées à personne. Ce fut sur ce théâtre, dont M[olière] prit possession le 3 novembre 1658, qu'il commença la représe[ntation] donnant successivement l'*Etourdi,* le *Dépit amoureux,* les *Préc[ieuses] ridicules* et le *Cocu imaginaire.* Au mois de juillet 1659, la t[roupe] italienne ayant quitté Paris, Molière resta seul maître du Petit-B[our]bon, où il donna trois représentations par semaine, les diman[ches,] mardis et vendredis.

La vogue de ses pièces l'obligeait quelquefois à jouer les autres [jours,] par extraordinaire ; pour répondre à la faveur publique, il augm[enta] sa troupe de plusieurs acteurs excellents : Philibert Gassaud, dit [de] Croisy, gentilhomme beauceron ; Claude Geoffrin, dit Jodelet, e[t son] frère l'Espy, célèbre dans les rôles de valet ; enfin Charles Varlet, [sieur] de La Grange, qui fut l'historiographe de la société. Nous appre[nons] par les registres qu'il a laissés, que dans le courant de l'année

médiens de Monsieur se trouvèrent expropriés pour la construc-
e la grande colonnade du Louvre:
e lundi, 11 octobre 1660, le théâtre du Petit-Bourbon commença
démoli par M. de Ratabon, surintendant des bâtiments du roi,
a avertir la troupe, surprise de demeurer sans théâtre. On alla
ndre au roi, à qui M. de Ratabon dit que la place de la salle
écessaire pour le bâtiment du Louvre, et que les dedans de la
qui avaient été faits pour les ballets du roi, appartenaient à Sa Ma-
il n'avait pas cru qu'il fallût entrer en considération de la Co-
pour avancer le dessein du Louvre. La méchante intention de
Ratabon était apparente. Cependant la troupe, qui avait le bon-
e plaire au roi, fut gratifiée par Sa Majesté de la salle du Pa-
yal, Monsieur l'ayant demandée pour réparer le tort qu'on avait
ses comédiens, et le sieur de Ratabon reçut un ordre exprès de
s grosses réparations de la salle du Palais-Royal : il y avait trois
s de la charpente pourries et étayées, et la moitié de la salle
erte et en ruine. La troupe commença, quelques jours après,
travailler au théâtre, et demanda au roi le don et la permis-
e faire emporter les loges du Bourbon et autres choses néces-
pour leur nouvel établissement, ce qui fut accordé, à la réserve
ecorations, que le sieur de Vigarani, machiniste du roi, nou-
ent arrivé à Paris, se réserva sous prétexte de les faire servir
ais des Tuileries; mais il les fit brûler jusques à la dernière, afin
e restât rien de l'invention de son prédécesseur, qui était le
Corelli, dont il voulait ensevelir la mémoire. La troupe, en butte
s ces bourrasques, eut encore à se parer de la division que les
comédiens de l'Hôtel de Bourgogne et du Marais voulurent se-
atre eux, leur faisant diverses propositions pour en attirer, les
ns leur parti, les autres dans le leur. Mais toute la troupe de
eur demeura stable. Tous les acteurs aimaient le sieur de Molière,
ef, qui joignait à un mérite, une capacité extraordinaires, une
eté et une manière engageante qui les obligea tous à lui pro-
qu'ils voulaient courir sa fortune et qu'ils ne le quitteraient ja-
quelque proposition qu'on leur fît et quelque avantage qu'ils
t trouver ailleurs. »
attendant qu'elle eût un asile, la troupe de Molière *alla en vi-
* c'est-à-dire qu'elle joua chez divers seigneurs, dont La Grange
conservé la curieuse nomenclature:
endant que l'on travaille à la salle du Palais-Royal, on a joué
urs fois la comédie à la ville.
ne visite chez M. Sanguin, le maître d'hôtel du roi, à la Place-
e, *le Dépit amoureux*, 200 livres.
ne visite chez M. le maréchal d'Aumont, 220 livres.
ne visite chez M. Fouquet, surintendant des finances, *l'Etourdi*
Cocu, 500 livres.
ne visite chez M. le maréchal de La Meilleraye, *le Cocu et les*
uses, 220 livres.
ne visite chez M. de La Bazinière, trésorier de l'Epargne, *idem*,
vres.
ne visite chez M. le duc de Roquelaure, *l'Etourdi et le Cocu*,
s d'or : 275 livres.
ne visite chez M. le duc de Mercœur, *le Cocu imaginaire*, 150 liv.
ne visite chez M. le comte de Vaillac, *l'Héritier ridicule et le*
220 livres.
» Pour le Roi.
e samedi 16 octobre, au Louvre, *le Dépit amoureux et le Méde-*
lant.
e jeudi 21 octobre, *l'Etourdi* et *les Précieuses*, au Louvre.
e mardi 26 octobre, *l'Etourdi* et *les Précieuses*, au Louvre, chez
M⁵ le cardinal Mazarin, qui était malade dans sa chaise. Le roi
comédie incognito, debout, appuyé sur ladite chaise de Son
ence (*nota* qu'il rentrait de temps en temps dans un grand ca-
. Sa Majesté gratifia la troupe de 3,000 livres.
e 23 novembre, un mardi, on a joué à Vincennes, devant le roi
a Eminence, *Dom Japhet et le Cocu*.
e samedi 4 décembre, joué au Louvre, pour le roi, *Jodelet prince*.
e 25 décembre, joué au Louvre *Don Bertrand et la Jalousie de*
René.
a troupe a reçu, dans l'intervalle qu'elle n'a point joué en pu-
CINQ MILLE CENT QUINZE LIVRES. »
salle du Palais-Royal fut enfin prête, et Molière y débuta le
vier 1661 par le *Dépit amoureux* et le *Cocu imaginaire*. La pre-
nouveauté donnée sur cette scène ne faisait guère présager
reuses destinées. C'était *Don Garcie de Navarre*, pièce d'un
froid et guindé, qui tomba pour ne plus se relever. En revan-
l'Ecole des maris fut applaudie le 24 juin 1661; et, au mois d'août
même année, Molière était appelé par Fouquet au château de
-le-Villars, pour y contribuer aux plaisirs d'une fête somptueuse
e surintendant à la famille royale de France et à la reine
leterre. Les *Fâcheux* y furent représentés devant toute la cour
août 1660; et les applaudissements qu'Armande Béjart y mérita
e rôle de la Naïade décidèrent probablement du sort de Molière,
doublant la passion qu'il avait eue pour elle. Il épousa cette jeune
e le 20 février 1662, et il ne tarda pas à s'en repentir. Armande

Béjart, d'après le témoignage des contemporains, n'était pas d'une
beauté régulière, mais elle avait quelque chose de vif dans la physio-
nomie et d'original dans la tournure d'esprit. Nicolas Racot de Grand-
val dit qu'elle jouait à merveille les rôles que son mari avait faits pour
elle; qu'elle jouait également bien ceux des femmes coquettes et sati-
riques; enfin que, sans être belle, elle était piquante et capable d'in-
spirer une grande passion. Suivant une lettre de mademoiselle Poisson
insérée dans le *Mercure* du mois de mai 1740, mademoiselle Molière avait
la taille médiocre, mais un air engageant, quoique avec de très-petits
yeux, une bouche fort grande et fort plate; mais faisant tout avec
grâce, jusqu'aux plus petites choses, quoiqu'elle se mît très-extraordi-
nairement et d'une manière presque toujours opposée à la mode du
temps. « Dans les *Entretiens galants*, imprimés chez Ribou en 1681,
on ajoute à ces détails : La Molière fait voir beaucoup de jugement
dans son récit, et son jeu continue encore lors même que son rôle est
fini. Elle n'est jamais inutile sur le théâtre; elle joue presque aussi
bien quand elle écoute que lorsqu'elle parle. Ses regards ne sont pas
dissipés, ses yeux ne parcourent pas les loges, elle sait que la salle est
remplie; mais elle parle et elle agit, comme si elle ne voyait que ceux
qui ont part à l'action. La Molière est propre et magnifique, sans rien
faire paraître d'affecté. Elle a soin de sa parure, et elle n'y pense plus
dès qu'elle est sur la scène. Et si elle retouche parfois ses cheveux, si
elle raccommode ses nœuds et ses pierreries, ces petites façons cachent une satire judicieuse et naturelle. Elle entre par le ridicule des femmes qu'elle veut jouer; mais enfin, avec tous ces avantages, elle ne plairait pas tant si sa voix était moins touchante; elle
en est si persuadée elle-même que l'on voit bien qu'elle prend autant
de divers tons qu'elle a de rôles différents. » En rapprochant ces traits
épars du portrait tracé par Molière dans la scène ix de l'acte III du
Bourgeois gentilhomme, on demeure convaincu qu'il a voulu peindre
sa femme, qui remplissait le rôle de Lucile.
« Elle a les yeux petits, mais elle les a pleins de feu; les plus bril-
lants, les plus perçants du monde, les plus touchants qu'on puisse
voir. Elle a la bouche grande, mais on y voit des grâces qu'on ne voit
point aux autres bouches. Sa taille n'est pas grande, mais elle est aisée
et bien prise. Elle affecte une nonchalance dans son parler et dans
son maintien, mais elle a grâce à tout cela, et ses manières ont je ne
sais quel charme à s'insinuer dans les cœurs. Enfin son esprit est du
plus fin et du plus délicat; sa conversation est charmante, et elle est
capricieuse autant que personne du monde : tout sied bien aux belles,
on souffre tout des belles. »
Lorsque Molière se maria, il avait déjà cette foule d'ennemis qui
s'attachent à la célébrité. Ils firent courir sur cette union les bruits
les plus infamants, et l'un d'eux, Montfleury, comédien de l'hôtel de
Bourgogne, se chargea de les transmettre à Louis XIV. On lit dans
une lettre écrite par Racine à M. Levasseur, au mois de décembre
1663 : « Montfleury a fait une requête contre Molière et l'a présen-
tée au roi : il accuse Molière d'avoir épousé sa propre fille; mais
Montfleury n'est point écouté à la cour. » La même calomnie fut re-
nouvelée en 1676 dans un procès que Lulli soutenait contre le sieur
Guichard. Les avocats de ce dernier essayèrent d'invalider le témoignage de mademoiselle Molière, en la traitant de veuve de son père
et d'orpheline de son mari.
Molière avait connu Madeleine Béjart pendant ses jours d'existence
bohémienne; il avait eu avec elle cette familiarité que semblent au-
toriser les mœurs théâtrales; c'en était assez pour qu'on le soupçonnât
d'avoir contribué à la naissance d'Armande, que l'on croyait fille de
Madeleine. Cette fausse allégation est détruite par la date de cette
naissance même (1645), et par l'acte de mariage de Molière, acte qui
prouve qu'Armande et Madeleine étaient sœurs.
« Jean-Baptiste Poquelin, fils du sieur Jean Poquelin et de feu
Marie Cressé, d'une part, et Armande-Gressinde Béjart, fille de feu
Joseph Béjart et de Marie Hervé, d'autre part, tous deux de cette paroisse vis-à-vis le Palais-Royal, fiancés et mariés, tout ensemble, par
permission de M. de Comtes, doyen de Notre-Dame, et grand vicaire
de monseigneur le cardinal de Retz, archevêque de Paris, en présence
dudit Jean Poquelin, père du marié, et de André Boudet, beau-frère
du marié, de ladite Marie Hervé, mère de la mariée, Louis Béjart et
Madeleine Béjart, frère et sœur de ladite mariée. »
Signé : B. Poquelin, J. Poquelin, Boudet, Marie Hervé, Armande-
Gressinde Béjart, Louis Béjart et Madeleine Béjart.
Les infortunes conjugales de Molière commencèrent presque immé-
diatement après son union. Si l'on s'en rapporte au pamphlet intitulé
la *Fameuse comédienne*, exagéré peut-être, mais rédigé d'après des
renseignements positifs, mademoiselle Molière aurait écouté, dès
1662, l'abbé de Richelieu, l'un de ces ecclésiastiques musqués, comme
on en voyait tant alors, dont la tonsure et le petit collet ne servaient
qu'à masquer les intrigues galantes.
Les tourments que Molière éprouva sont peints énergiquement dans
l'École des femmes, qu'il fit paraître à la fin de l'année de son mariage. Cette pièce suscita contre l'auteur une cabale puissante, dont
la critique redoubla les emportements. Le duc de La Feuillade, ba-
foué pour son éternel refrain de *Tarte à la crème*, en tira une ven-
geance qui serait à peine croyable si l'on ne connaissait le dédain
qu'avaient les grands seigneurs pour les roturiers, fussent-ils des

1*

hommes de génie. Rencontrant un jour Molière dans un appartement, il l'aborda avec de vives démonstrations d'amitié. Le poëte s'étant incliné par déférence, il lui prit brusquement la tête et lui frotta le visage contre les boutons de son habit, en lui disant : « Tarte à la crème! Molière, tarte à la crème! » Louis XIV fut instruit le même jour de cet acte de brutalité, et en exprima au duc toute son indignation.

Ce monarque appréciait mal le génie de Molière, qu'il détourna de la peinture des mœurs, pour lui commander des intermèdes comme *l'Impromptu de Versailles*, le *Mariage forcé* et la *Princesse d'Élide*. Cependant il avait pour lui une estime réelle, et il en donna d'éclatants témoignages.

Molière, qui conservait la charge de tapissier valet de chambre, se présenta un jour pour faire le lit du roi; mais son collègue se retira brusquement, en disant qu'il ne voulait avoir rien de commun avec un comédien. Là-dessus, un autre valet de chambre, nommé Bellocq, s'approcha et dit respectueusement : « Monsieur de Molière, voulez-vous bien que j'aie l'honneur de faire le lit du roi avec vous? » En apprenant cet incident, Louis XIV fut mécontent de ce qu'on avait témoigné du dédain à Molière, et il commanda qu'on le traitât désormais avec les plus grands égards. Toutefois les valets de chambre continuèrent à traiter le poëte du haut de leur grandeur, et se plaignirent d'être forcés de manger avec lui à la table du contrôleur de la bouche. Le roi mit un terme à ces outrages par une marque d'estime qui devait produire une vive sensation dans ce monde d'étiquette et de préjugés. Il manda Molière à son petit lever. « On prétend, lui dit-il, que vous faites maigre chère ici, et que les officiers de ma chambre ne vous trouvent pas fait pour manger avec eux : vous avez peut-être faim; moi-même je m'éveille avec un très-bon appétit. Mettez-vous à cette table, et qu'on me serve mon *en cas de nuit*. » On appelait ainsi les vivres qu'on apportait le soir par prévoyance dans la chambre à coucher du roi. C'était ordinairement un bol de bouillon, un poulet froid, une bouteille de vin, une d'orgeat et une de limonade.

Molière s'assit, et Louis XIV lui servit une aile de poulet, en prenant la seconde pour lui-même; puis il ordonna aux huissiers d'introduire les *entrées familières*, qui se composaient de l'élite de la noblesse. « Messieurs, leur dit le roi, vous me voyez occupé à faire manger Molière, que mes valets de chambre ne trouvent pas d'assez bonne compagnie pour eux. »

A partir de ce moment, le comédien n'eut plus besoin de se présenter à la table de service, et il fut accablé d'invitations. Pour le mieux venger du mépris, Louis XIV, après lui avoir accordé une pension de mille livres, voulut être le parrain de son premier enfant, dont voici l'acte de baptême relevé sur les registres de Saint-Germain-l'Auxerrois :

« Du jeudi, 28 février 1664, fut baptisé Louis, fils de M. Jean-Baptiste, valet de chambre du roi, et de damoiselle Armande-Gresinde Béjart, sa femme, vis-à-vis le Palais-Royal; le parrain, haut et puissant seigneur, messire Charles, duc de Créquy, premier gentilhomme de la chambre du roi, ambassadeur à Rome, tenant pour Louis quatorzième, roi de France et de Navarre; la marraine, dame Colombe le Charron, épouse de messire César de Choiseul, maréchal du Plessy, tenante pour madame Henriette d'Angleterre, duchesse d'Orléans. L'enfant est né le 19 janvier audit an. » *Signé* Colombet.

Cet enfant mourut avant son père.

Les rapports que Molière eut avec la cour furent funestes à son repos. Pendant les fêtes données à Versailles, au mois de juin 1664, sa femme, qui venait de jouer le rôle de la princesse d'Élide, fut environnée d'adorateurs, et accepta, dit-on, les hommages du comte de Lauzun. La biographie de mademoiselle Molière donne à ce sujet des détails très-curieux, et qui sont confirmés par tous les témoignages contemporains. « On fit apercevoir à Molière que le grand soin qu'il avait de plaire au public lui ôtait celui d'examiner la conduite de sa femme, et que pendant qu'il travaillait pour divertir tout le monde, tout le monde cherchait à divertir sa femme. La jalousie réveilla dans son âme la tendresse que l'étude avait assoupie; il courut aussitôt faire de grandes plaintes à sa femme, en lui reprochant les grands soins avec lesquels il l'avait élevée; la passion qu'il avait étouffée; ses manières d'agir qui avaient été plutôt d'un amant que d'un mari; et que pour récompense de tant de bontés il le rendait la risée de toute la cour.

» La Molière en pleurant lui fit une espèce de confidence des sentiments qu'elle avait eus pour le comte de Guiche, dont elle lui jura que tout le crime avait été dans l'intention, et qu'il fallait pardonner le premier égarement d'une jeune personne, à qui le manque d'expérience fait faire d'ordinaire ces sortes de démarches; mais que les bontés qu'elle reconnaissait qu'il avait pour elle l'empêcheraient de retomber dans de pareilles faiblesses. Molière, persuadé de sa vertu par ses larmes, lui fit mille excuses de son emportement, et lui remontra avec douceur que ce n'était pas assez pour la réputation de la pureté de la conscience nous justifiât, qu'il fallait encore que les apparences ne fussent pas contre nous, surtout dans un siècle où l'on trouvait les esprits disposés à croire mal, et fort éloignés de juger des choses avec indulgence. »

Elle recommença bientôt sa vie avec plus d'éclat que jamais. lière, averti par des gens malintentionnés pour son repos, de l duite de son épouse, renouvela ses plaintes avec plus de violence n'avait encore fait. » Pour éviter de pénibles altercations, tou convinrent de rester dorénavant étrangers l'un à l'autre. Moli vit plus sa femme qu'au théâtre. Celle-ci, de son côté, lui repr de conserver pour mademoiselle de Brie une amitié qui lui se équivoque. Les ennuis de Molière furent augmentés par les pe tions que lui attirèrent *Tartuffe* et *Don Juan*. Il trouva, comm le passé, des consolations dans la faveur royale. Un *Journal des faits de Sa Majesté*, conservé manuscrit à la Bibliothèque Nati porte l'indication suivante, à la date d'août 1665 :

« Le roi donne à une troupe de comédiens, dont Molière était e le chef, une pension de 7,000 livres. —Après avoir longtemps jou les provinces, ils s'étaient établis à Paris sous le titre de Comédi Monsieur, et le roi leur avait donné la salle du Petit-Bourbon suite celle du Palais-Royal. Ils jouèrent plusieurs fois devant l et Molière plusieurs comédies pour les divertissements que donnait à toute la cour; et Sa Majesté en fut si contente qu'au d'août 1665 elle leur donna une pension de 7,000 livres avec l de troupe du roi. »

Louis XIV intervint encore pour faire cesser un abus très-o pour la troupe; il ordonna que les mousquetaires, les gardes du les gendarmes et les chevau-légers perdraient le privilége d'er la Comédie sans payer. Ces militaires furieux entreprirent de fo porte et de prendre le théâtre d'assaut. Le portier se défendit pe quelque temps; mais, forcé de céder au nombre, il jeta son épée l'espoir d'avoir la vie sauve. Les assaillants étaient tellement pérés qu'ils le tuèrent sans miséricorde. Ils furent apaisés par jeune, qui, revêtu d'un costume de vieillard, se présenta sur la et dit d'un ton lamentable : « Eh! messieurs, épargnez du mo pauvre vieillard de soixante-quinze ans, qui n'a plus que quelque à vivre. » Molière parut ensuite, et harangua le parterre, qu'il pa ramener à de meilleurs sentiments. Lorsque le tumulte fut apaisé, médiens tinrent conseil. « Vous ne m'avez point donné de repo dit leur chef, que je n'aie importuné le roi pour avoir l'ordre qu a mis tous à deux doigts de notre perte; il est question présent de voir ce que nous aurons à faire. »

Parmi ces acteurs se trouvait un nommé Hubert qui venait du t du Marais. Il avait été enrôlé dans la troupe de Molière au mo vril 1664. L'invasion de la salle l'avait tellement effrayé, q l'aide de sa femme il avait percé le mur du Palais-Royal, et qu'i fallu de violents efforts pour le tirer du trou où il avait engagé et ses épaules. Il donna une voix tremblante le conseil de rer la maison du roi ses entrées gratuites, et la peur rallia la majori acteurs à cet avis. Mais Molière dit d'un ton ferme : « P le roi nous a accordé cet ordre, il faut en pousser l'exécution ju bout; si Sa Majesté le juge à propos, et je pars en ce momen l'en informer. » Il se rendit en effet à Versailles, et Louis XI joignit au commandant de faire mettre les compagnies sous les pour réitérer la défense d'entrer à la comédie sans payer, et pon nir les perturbateurs de la veille. Molière, qui aimait les harar ne perdit pas l'occasion d'en faire une. Il se présenta devant le des gendarmes et des gardes du corps : « Messieurs, leur dit-n'est ni pour vous ni pour les autres personnes qui composent la son du roi que j'ai demandé un ordre à Sa Majesté. Je ne veux vous empêcher d'entrer à la Comédie, et la troupe sera toujours de vous recevoir quand vous voudrez l'honorer de votre prés mais il y a un nombre infini de malheureux qui tous les jours al de votre nom et de votre bandoulière. Ils viennent remplir le terre, et ôtent inutilement à la troupe le gain qu'elle est en dr faire. Des gentilshommes qui ont l'honneur de servir le roi do ils sauvoer ces misérables avec les comédiens de Sa Majesté? le crois pas. Entrer à la Comédie sans payer n'est point une pré tive qui puisse exciter votre ambition, et qui mérite que des comme vous répandent le sang pour la conserver. Il faut lais petit avantage aux auteurs et aux gens qui, n'ayant pas le moy dépenser quinze sous, ne voient le spectacle que par charité m'est permis de parler de la sorte. » Ce discours obtint le résulta Molière en attendant, et pendant toute sa vie les militaires de la son du roi payèrent leurs places. Ce ne fut qu'en 1673 que leur tentions se renouvelèrent et nécessitèrent une seconde ordonnan

La dernière partie de la vie de Molière fut la plus éclatan *Misanthrope*, le *Tartuffe*, l'*Avare*, les *Femmes savantes*, l'*A médecin*, le *Médecin malgré lui*, *Georges Dandin*, *Pourceaugna Bourgeois gentilhomme*, que de titres à l'admiration publique! Que de leçons données par le bon sens et la raison revêtus des form plus attrayantes! L'homme qui réformait ainsi les mœurs en v cherché par les personnages distingués de son temps. Il eut amis Boileau, La Fontaine, Racine, avec lequel il eut le malhe se brouiller ensuite; le peintre Mignard, le grand Condé, le mar de Vivonne, l'avocat Fourcroy, etc. Cette société se réunissai vent dans la maison que Molière avait achetée à l'entrée du vi d'Auteuil, du côté de la Seine. On y admettait encore le mus Lulli, le joueur de flûte Descoteaux, et le docteur de Mauvilain duquel Louis XIV dit un jour à Molière : « Voilà donc votre ...cin ? à quoi vous sert-il ? — Sire, répondit Molière, nous raisonensemble; il m'ordonne des remèdes, je ne les fais point, et je ...s. »

...lière toutefois s'abusait sur son état. Dès 1667 il avait la poitrine ...uée, et la toux invétérée qui le tourmentait le retint éloigné de ...ène pendant les six premiers mois de l'année. Le mal ne fit ...pirer, et il était presque mourant au mois de décembre 1672, ...u'il reçut la visite de Boileau, chargé par l'Académie française ...i proposer la première vacance, à la condition qu'il ne jouerait ... que dans les rôles d'un haut comique : « Mon pauvre Molière, ambassadeur, vous voilà dans un pitoyable état. La contention ...nuelle de votre esprit, l'agitation continuelle de vos poumons ...votre théâtre, tout enfin devrait vous déterminer à renoncer à la ...ésentation. N'y a-t-il que vous dans la troupe qui puissiez exécuter ...remiers rôles? Contentez-vous de composer, et laissez l'action ...trale à quelqu'un de vos camarades : cela vous fera plus d'hon-... dans le public, qui regardera vos acteurs comme vos gagistes ; ...cteurs, d'ailleurs, qui ne sont pas des plus souples avec vous, ...ront mieux votre supériorité. — Ah ! monsieur, répondit Mo-..., que me dites-vous là? Il y a un honneur pour moi à ne point ...er. — Plaisant point d'honneur, s'écria le satirique, qui consiste noircir tous les jours le visage pour se faire une moustache de ...arelle, et à dévouer son dos à toutes les bastonnades de la co-...ie. Quoi! cet homme, le premier de notre temps pour l'esprit et les sentiments d'un vrai philosophe, cet ingénieux censeur de ...es folies humaines, en a une plus extraordinaire que celles ...t il se moque tous les jours! cela montre bien le peu que sont les ...mes. »

...prétendue folie de Molière, c'était l'humanité qui lui conseillait ...e pas abandonner des camarades dont il était la gloire et l'appui. ...e 10 février 1673, devait avoir lieu la troisième représentation du ...de imaginaire. Se sentant plus faible, il fit venir sa femme, avec ...elle il s'était réconcilié depuis dix mois, et l'acteur Baron, son ...e: « Je me suis cru heureux, leur dit-il, tant que ma vie a été ...ée également de douleurs et de plaisirs. Mais aujourd'hui que, accablé de peines, sans pouvoir compter sur aucun moment de ...faction et de douceur, je vois bien qu'il me faut quitter la partie. ...n homme souffre avant de mourir! Combien je sens que je finis! » ...ces mots, la Molière et Baron furent profondément émus, et ...njurèrent, les larmes aux yeux, de ne point jouer ce jour-là, et ...rendre du repos pour se remettre. « Comment voulez-vous que je ...? leur dit-il ; il y a cinquante pauvres ouvriers qui n'ont que leur ...née pour vivre : que feront-ils si l'on ne joue pas ? Je me repro-...ais d'avoir négligé de leur donner du pain un seul jour, le pou-...t faire absolument. » Mais il envoya chercher les comédiens, à qui ...t que, se sentant plus incommodé que de coutume, il ne jouerait ...t ce jour-là, s'ils n'étaient prêts à quatre heures précises pour ...r la comédie : « Sans cela, leur dit-il, je ne puis m'y trouver, et ...s pourrez rendre l'argent. » Les comédiens tinrent les lustres al-...t la toile levée précisément à quatre heures. Molière repré-...a avec beaucoup de difficulté, et la moitié des spectateurs s'aperçut ...n prononçant *juro*, dans la cérémonie du *Malade imaginaire*, il prit une convulsion. Ayant remarqué lui-même qu'on s'en était ...çu, il se fit un effort et cacha par un ris forcé ce qui venait de ...arriver.

...uand la pièce fut finie, il prit sa robe de chambre et fut dans la ...e de Baron, et lui demanda ce que l'on disait de sa pièce. M. Ba-... lui répondit que ses ouvrages avaient toujours une heureuse réus-...e à les examiner de près, et que plus on les représentait, plus on ...goûtait. « Mais, ajouta-t-il, vous me paraissez plus mal que tantôt. ...ela est vrai, lui répondit Molière ; j'ai un froid qui me tue. ...on, après lui avoir touché les mains, qu'il trouva glacées, les lui ...dans son manchon pour les réchauffer; il envoya chercher ses ...teurs pour le porter promptement chez lui, et ne le quitta point de ...se, de peur qu'il lui arrivât quelque accident dans le trajet du ...is-Royal à sa maison, située rue Richelieu et portant aujourd'hui ...uméro 34. Quand il fut dans sa chambre, Baron voulut lui faire ...ndre un bouillon que mademoiselle Molière avait préparé. « Eh ! ... dit-il, les bouillons de ma femme sont de vraies eaux-fortes ...r moi; vous savez tous les ingrédients qu'elle y fait mettre : ...nez-moi plutôt un petit morceau de fromage de Parmesan. » ...aforest, vieille domestique de confiance à laquelle il lisait parfois ...ouvrages, lui apporta ce qu'il désirait, et il se coucha après avoir ...gé. Quelques minutes après, il envoya demander à sa femme un ...iller contenant des drogues somnifères. « Tout ce qui n'entre point ...s le corps, dit-il, je l'éprouve volontiers; mais les remèdes qu'on ...obligé de prendre me font peur. Il ne faut rien pour me faire per-...ce qui me reste de vie. » Un peu plus tard, il lui prit une quinte ...toux, et, après avoir craché, il demanda de la lumière. « Voici du ...gement, reprit-il à s'apercevant qu'il venait de rendre du sang; ...vous effrayez point, Baron, vous m'en avez vu rendre bien davan-...e. Cependant allez dire à ma femme qu'elle monte. » Le moribond

demeura seul, assisté de deux religieuses qui venaient quêter à Paris pendant le carême, et auxquelles il donnait l'hospitalité. Le sang lui sortait par la bouche en abondance ; et lorsque sa femme et Baron remontèrent, ils le trouvèrent mort. C'était dans la nuit du vendredi 17 février 1673, et Molière n'avait que cinquante et un ans un mois et deux jours.

Le clergé refusa de rendre les honneurs funèbres à ce grand homme. « Quoi ! s'écria mademoiselle Molière avec indignation, on refuse la sépulture à celui qui dans la Grèce aurait mérité des autels ! » Elle courut à Versailles, accompagnée du curé d'Auteuil. Cet ecclésiastique était un janséniste, qui se mit à argumenter avec Louis XIV, et la veuve elle-même compromit sa cause en disant : « Si mon mari est criminel, ses crimes ont été autorisés par Votre Majesté. » Louis XIV ne promit rien. De retour à Paris, mademoiselle Molière fit rédiger le placet suivant, qu'elle envoya à monseigneur Harlay de Champvallon, archevêque de Paris.

« Supplie humblement Elisabeth-Claire-Grassinde Béjard, veufue de feu Jean-Baptiste Pocquelin de Molière, viuant valet de chambre tapissier du roy, et l'un des comédiens de sa troupe, et, en son absence, Jean Aubry, son beau-frère, disant que, vendredi dernier, dix-septième du présent mois de feburier 1673, sur les neuf heures du soir, ledict feu sieur Molière s'estant trouvé mal de la maladie dont il décéda enuiron une heure après, il uoulut dans le moment tesmoigner des marques de repentir de ses fautes et mourir en bon chrétien, à l'effet de quoi auecq instance il demanda un prestre pour receuoir les sacrements, et enuoya par plusieurs fois son ualet et sa seruante à Sainct-Eustache sa paroisse, lesquels s'adressèrent à messieurs L'Enfant et Lechat, deux prestres habitués en ladicte paroisse, qui refusèrent plusieurs fois de uenir, ce qui obligea le sieur Jean Aubry d'y aller lui-mesme pour en faire uenir, et de faict fit leuer le nommé Paysant, aussi prestre habitué audict lieu; et, comme toutes ces allées et uenues tardèrent plus d'une heure et demye, pendant lequel temps ledict feu Molière décéda, ledict sieur Paysant arriva comme il venoit d'expirer : or, comme ledict sieur Molière est décédé sans auoir reçu le sacrement de confession dans un temps où il ue noit de représenter la comédie, monsieur le curé de Sainct-Eustache lui refuse la sépulture, ce qui oblige la suppliante de uous présenter la présente requeste pour luy estre sur ce pourueu.

» Ce considéré, Monseigneur, et attendu ce que dessus, et que le dict deffunct a demandé auparauant que de mourir un prestre pour estre confessé, qu'il est mort dans le sentiment d'un bon chrétien, ainsy qu'il a tesmoigné en présence de deux dames religieuses demeurant en la mesme maison , d'un gentilhomme nommé monsieur Couton, entre les bras de qui il est mort, et de plusieurs autres personnes, et que monsieur Bernard, prestre habitué en l'église Sainct-Germain, lui a administré les sacrements à Pasques dernier, il uous plaise de grâce spéciale accorder à ladicte suppliante que sondict feu mari soit inhumé et enterré dans ladicte église Sainct-Eustache sa paroisse, en les uoies ordinaires et accoustumées, et ladicte suppliante continuera les prières à Dieu pour uotre prospérité et santé. »

L'archevêque fit examiner l'affaire par le sieur abbé de Benjamin, son official, et rendit enfin une ordonnance qui permettait au curé de Saint-Eustache de donner la sépulture ecclésiastique au corps de défunt Molière, à condition néanmoins que ce serait sans aucune pompe, avec deux prêtres seulement, en dehors des œuvres du jour, et qu'on ne ferait aucun service solennel. Les registres des décès de la paroisse Saint-Eustache indiquent le jour où cette décision fut exécutée :

« Le mardi 21 février 1673, défunt J.-B. Poquelin de Molière, tapissier valet de chambre ordinaire du roi, demeurant rue de Richelieu, proche l'académie des peintres, décédé le 17 du présent mois, a été inhumé dans le cimetière de Saint-Joseph. »

L'enterrement eut lieu dans la soirée. Quelques fanatiques s'étaient attroupés devant la porte de la maison mortuaire et manifestaient l'intention de profaner les restes de l'auteur de *Tartuffe*, la veuve changea leur disposition en leur jetant par la fenêtre une somme d'environ mille francs. Le cortège funèbre se composait d'une centaine de personnes portant chacune un flambeau.

Molière ne laissa qu'une fille, Esprit-Madeleine, née le 15 août 1665, qui épousa un gentilhomme nommé de Montalant, et mourut à Argenteuil sans postérité. Un troisième enfant, Pierre-Jean-Baptiste-Armand, né le 15 septembre 1672, n'avait vécu que jusqu'au mois d'octobre suivant. Sa femme se remaria en secondes noces à un acteur nommé Guérin.

En 1692, lorsqu'on détruisit le cimetière de Saint-Joseph, les administrateurs de la section de Molière et de La Fontaine exhumèrent un peu au hasard des ossements qu'ils considérèrent comme ceux de Molière, et qui ont été transportés depuis au cimetière du Père-Lachaise.

Depuis 1844, un monument construit avec le produit d'une souscription nationale s'élève auprès de la maison où Molière a rendu le dernier soupir.

ÉMILE DE LA BÉDOLLIÈRE.

L'ÉTOURDI.

NOTICE.

Lorsque Molière débuta, l'originalité manquait encore au Théâtre-Français et nos meilleurs auteurs dramatiques, y compris Corneille, devaient à l'étranger une partie de leur renommée. Molière, de même que ses devanciers, chercha, après s'être essayé par quelques farces de son cru, dans le répertoire italien le sujet d'une œuvre plus sérieuse, et choisit *l'Inavvertito* du comédien Nicolo Barbieri. Dans cette pièce, Fulvio, fils de Pantalon, est amoureux d'une esclave appelée Cintia, au point que la passion lui trouble la cervelle. Son valet Scapin imagine une foule de moyens ingénieux pour enlever la jeune fille au marchand d'esclaves Arlequin. Malheureusement l'étourderie de Fulvio renverse successivement les combinaisons les mieux conçues. Enfin le domestique, à bout d'expédients, se jette aux pieds de Pantalon et parvient à le fléchir. Fulvio est tellement désespéré de ses inconséquences, et il craint tellement d'en faire de nouvelles, que jusqu'au dernier moment il ne croit pas à son bonheur. Voici la dernière scène :

PANTALON. — Approchez, Fulvio ; est-il vrai que vous soyez amoureux de cette jeune personne ?
FULVIO *troublé*. — Moi, monsieur ?... Non... oh non !
PANTALON. — Comment, non ?
FULVIO. — Non, vous dis-je, non, assurément.
PANTALON. — A quel propos nier ce que tout le monde assure ?
SCAPIN.—Pour montrer son bel esprit... Ça, voyons, pourquoi dites-vous non à monsieur votre père ?
FULVIO. — Tu m'as dit de prendre garde à moi.
SCAPIN. — Eh bien, qu'en concluez-vous ?
FULVIO. — Je ne sais.
SCAPIN. — Quelle cervelle ! Eh ! monsieur, répondez naïvement à ce qu'on vous demande.
PANTALON. — Parle, mon fils, veux-tu cette jeune personne pour ta femme ?

FULVIO. — Scapin...
SCAPIN. — Eh ! dites que oui.
FULVIO. — Si je fais encore quelque balourdise ?
SCAPIN. — Eh! dites q oui, encore un coup.
FULVIO. — Eh bien, m père, oui.
PANTALON. — Prends-lui main.
SCAPIN. — Ne le faites p croyez-moi...
FULVIO. — O ciel ! j'au fait quelque étourderie.
PANTALON. — Et commer
FULVIO. — Scapin, tu r dis de ne point le faire.
SCAPIN. — Oui, de si ma vaise grâce ; vous ne me la sez pas achever.
FULVIO. — Eh bien, m père, prononcez, je tiens main.
PANTALON. — Elle est femme.
FULVIO. — O ma chè Cintia ! me voilà vo époux, à la fin je triomph
SCAPIN. — Je vous co seille de vous en félicit beaucoup. Eh, morbleu ! les morceaux ne vous tor baient dans la bouche, vous verrait mourir de fai

L'Étourdi de Molière d encore quelques détails l'*Emilia*, comédie de Lui Groto Cieco di Hadria, e *la Bohémienne*, nouvelle Cervantès. C'est dans l'*E lia* que se trouve l'idée p mière des scènes où Mas rille persuade à Pandolp qu'il doit acheter la be esclave, et où Lélie s'en barrasse en voulant tro per Trufaldin.

Malgré l'imperfection d dénoûment romanesque, l' tourdi s'est soutenu grâce au comique des situations et à la vi cité du dialogue. Il fut représenté pour la première fois à Lyo en 1653 ; et à Paris, en 1658. Mais Molière ne le fit imprim qu'en 1663. Le rôle de Mascarille fut joué par l'auteur lui-mêm avec un masque. La Grange joua Lélie ; Béjart aîné, Pandolphe ; L Béjart, Anselme ; mademoiselle de Brie, Célie ; et mademoiselle parc, Hippolyte.

ÉMILE DE LA BÉDOLLIÈRE.

MASCARILLE. C'est ainsi que les fourbes... (Act. IV, sc. VIII.)

PERSONNAGES.

PANDOLFE, père de Lélie.
ANSELME, père d'Hippolyte.
TRUFALDIN, vieillard.
CÉLIE, esclave de Trufaldin.
HIPPOLYTE, fille d'Anselme.
LÉLIE, fils de Pandolfe.
LÉANDRE, fils de famille.
ANDRÈS, cru Égyptien.
MASCARILLE, valet de Lélie.
ERGASTE, ami de Mascarille.
UN COURRIER.
DEUX TROUPES de masques.

La scène est à Messine, dans une place publique.

ACTE PREMIER.

SCÈNE I.

LÉLIE.

Hé bien ! Léandre, hé bien ! il faudra contester ;
Nous verrons de nous deux qui pourra l'emporter,
Qui, dans nos soins communs pour ce jeune miracle
Aux vœux de son rival portera plus d'obstacle.
Préparez vos efforts et vous défendez bien,
Sûr que de mon côté je n'épargnerai rien.

SCÈNE II.

LÉLIE, MASCARILLE.

LÉLIE. Ah ! Mascarille !
MASCARILLE. Quoi ?
LÉLIE. Voici bien des affaires ;
J'ai dans ma passion toutes choses contraires :

ACTE I, SCÈNE IV.

Léandre aime Célie, et, par un trait fatal,
Malgré mon changement est encor mon rival.
MASCARILLE. Léandre aime Célie !
LÉLIE. Il l'adore, te dis-je.
MASCARILLE. Tant pis.
LÉLIE. Hé! oui, tant pis; c'est là ce qui m'afflige.
Toutefois j'aurais tort de me désespérer;
Puisque j'ai ton secours, je dois me rassurer.
Je sais que ton esprit, en intrigues fertile,
N'a jamais rien trouvé qui lui fût difficile,
Qu'on te peut appeler le roi des serviteurs,
Et qu'en toute la terre...
MASCARILLE. Hé! trêve de douceurs.
Quand nous faisons besoin, nous autres misérables,
Nous sommes les chéris et les incomparables;
Et dans un autre temps, dès le moindre courroux,
Nous sommes les coquins qu'il faut rouer de coups.
Ma foi, tu me fais tort avec cette invective.
Mais enfin discourons de l'aimable captive :
Dis si les plus cruels et plus durs sentiments
Ont rien d'impénétrable à des traits si charmants.
Pour moi, dans ses discours comme dans son visage,
Je vois pour sa naissance un noble témoignage;
Et je crois que le ciel dedans un rang si bas
Cache son origine et ne l'en tire pas.
MASCARILLE. Vous êtes romanesque avecque vos chimères.
Mais que fera Pandolfe en toutes ces affaires?
C'est, monsieur, votre père, au moins à ce qu'il dit.
Vous savez que sa bile assez souvent s'aigrit,
Qu'il peste contre vous d'une belle manière,
Quand vos déportements lui blessent la visière.
Il est avec Anselme en parole pour vous
Que de son Hippolyte on vous fera l'époux,
S'imaginant que c'est dans le seul mariage
Qu'il pourra rencontrer de quoi vous faire sage;
Et s'il vient à savoir que, rebutant son choix,
D'un objet inconnu vous recevez les lois,
Que de ce fol amour la fatale puissance
Vous soustrait au devoir de votre obéissance,
Dieu sait quelle tempête alors éclatera,
Et de quels beaux sermons on vous régalera.
LÉLIE. Ah! trêve, je vous prie, à votre rhétorique.
MASCARILLE. Mais vous, trêve plutôt à votre politique :
Elle n'est pas fort bonne, et vous devriez tâcher...
Sais-tu qu'on n'acquiert rien de bon à me fâcher,
Que chez moi les avis ont de tristes salaires,
Qu'un valet conseiller y fait mal ses affaires?
(A part.) (Haut.)
MASCARILLE. Il se met en courroux. Tout ce que j'en ai dit
N'était rien que pour rire et vous sonder l'esprit.
D'un censeur de plaisirs ai-je fort l'encolure?
Et Mascarille est-il ennemi de nature?
Vous savez le contraire, et qu'il est très-certain
Qu'on ne peut me taxer que d'être trop humain.
Moquez-vous des sermons d'un vieux barbon de père;
Poussez votre bidet, vous dis-je, et laissez faire.
Ma foi! j'en suis d'avis que ces penards chagrins
Nous viennent étourdir de leurs contes badins,
Et, vertueux par force, espèrent par envie
Oter aux jeunes gens les plaisirs de la vie!
Vous savez mon talent, je m'offre à vous servir.
LÉLIE. Ah! c'est par ces discours que tu peux me ravir.
Au reste, mon amour, quand je l'ai fait paraître,
N'a point été mal vu des yeux qui l'ont fait naître.
Mais Léandre, à l'instant, vient de me déclarer
Qu'à me ravir Célie il se va préparer :
C'est pourquoi dépêchons; et cherche dans ta tête
Les moyens les plus prompts d'en faire ma conquête.
Trouve ruses, détours, fourbes, inventions,
Pour frustrer mon rival de ses prétentions.
MASCARILLE. Laissez-moi quelque temps rêver à cette affaire.
(A part.)
Que pourrais-je inventer pour ce coup nécessaire?
LÉLIE. Hé bien! le stratagème?
MASCARILLE. Ah! comme vous courez!
Ma cervelle toujours marche à pas mesurés.
J'ai trouvé votre fait : il faut... Non, je m'abuse.
Mais si vous alliez...
LÉLIE. Où?
MASCARILLE. C'est une faible ruse.
J'en songeais une...
LÉLIE. Et quelle?
MASCARILLE. Elle n'irait pas bien.
Mais ne pourriez-vous pas...
LÉLIE. Quoi?
MASCARILLE. Vous ne pourriez rien.
Parlez avec Anselme.
LÉLIE. Et que lui puis-je dire?
MASCARILLE. Il est vrai, c'est tomber d'un mal dedans un pire.
Il faut pourtant l'avoir. Allez chez Trufaldin.
LÉLIE. Que faire?
MASCARILLE. Je ne sais.
LÉLIE. C'en est trop à la fin,
Et tu me mets à bout par ces contes frivoles.
MASCARILLE. Monsieur, si vous aviez en main force pistoles,
Nous n'aurions pas besoin maintenant de rêver
A chercher les biais que nous devons trouver,
Et pourrions, par un prompt achat de cette esclave,
Empêcher qu'un rival vous prévienne et vous brave.
De ces Égyptiens qui la mirent ici
Trufaldin, qui la garde, est en quelque souci;
Et trouvant son argent qu'ils lui font trop attendre,
Je sais bien qu'il serait très-ravi de la vendre :
Car enfin en vrai ladre il a toujours vécu;
Il se ferait fesser pour moins d'un quart d'écu,
Et l'argent est le dieu que surtout il révère.
Mais le mal, c'est...
LÉLIE. Quoi? c'est...
MASCARILLE. Que monsieur votre père
Est un autre vilain qui ne vous laisse pas,
Comme vous voudriez bien, manier ses ducats;
Qu'il n'est point de ressort qui, pour votre ressource,
Pût faire maintenant ouvrir la moindre bourse.
Mais tâchons de parler à Célie un moment,
Pour savoir là-dessus quel est son sentiment;
Sa fenêtre est ici.
LÉLIE. Mais Trufaldin pour elle
Fait de jour et de nuit exacte sentinelle.
Prends garde.
MASCARILLE. Dans ce coin demeurez en repos.
O bonheur! la voilà qui sort tout à propos.

SCÈNE III.
CÉLIE, LÉLIE, MASCARILLE.

LÉLIE. Ah! que le ciel m'oblige en offrant à ma vue.
Les célestes attraits dont vous êtes pourvue!
Et, quelque mal cuisant que m'aient causé vos yeux,
Que je prends de plaisir à les voir en ces lieux!
CÉLIE. Mon cœur, qu'avec raison votre discours étonne,
N'entend pas que mes yeux fassent mal à personne;
Et si dans quelque chose ils vous ont outragé,
Je puis vous assurer que c'est sans mon congé.
LÉLIE. Ah! leurs coups sont trop beaux pour me faire une injure.
Je mets toute ma gloire à chérir leur blessure,
Et...
MASCARILLE. Vous le prenez là d'un ton un peu trop haut;
Ce style maintenant n'est pas ce qu'il nous faut.
Profitons mieux du temps, et sachons vite d'elle
Ce que...
TRUFALDIN dans la maison. Célie!
MASCARILLE à Lélie. Hé bien?
LÉLIE. O rencontre cruelle!
Ce malheureux vieillard devait-il nous troubler?
MASCARILLE. Allez, retirez-vous; je saurai lui parler.

SCÈNE IV.
TRUFALDIN, CÉLIE, LÉLIE retiré dans un coin, MASCARILLE.

TRUFALDIN à Célie. Que faites-vous dehors? et quel soin vous talonne,
Vous à qui je défends de parler à personne?
CÉLIE. Autrefois j'ai connu cet honnête garçon,
Et vous n'avez pas lieu d'en prendre aucun soupçon.
MASCARILLE. Est-ce là le seigneur Trufaldin?
CÉLIE. Oui, lui-même.
MASCARILLE. Monsieur, je suis tout vôtre; et ma joie est extrême
De pouvoir saluer en toute humilité
Un homme dont le nom est partout si vanté.
TRUFALDIN. Très-humble serviteur.
MASCARILLE. J'incommode peut-être;
Mais je l'ai vue ailleurs, où m'ayant fait connaître
Les grands talents qu'elle a pour savoir l'avenir,
Je voulais sur un point un peu l'entretenir.
TRUFALDIN. Quoi! te mêlerais-tu d'un peu de diablerie?
CÉLIE. Non, tout ce que je sais n'est que blanche magie.
MASCARILLE. Voici donc ce que c'est. Le maître que je sers
Languit pour un objet qui le tient dans ses fers.
Il aurait bien voulu du feu qui le dévore
Pouvoir entretenir la beauté qu'il adore :
Mais un dragon, veillant sur ce rare trésor,
N'a pu, quoi qu'il ait fait, le lui permettre encor;
Et, ce qui plus le gêne et le rend misérable,

Il vient de découvrir un rival redoutable :
Si bien que, pour savoir si ses soins amoureux
Ont sujet d'espérer quelque succès heureux,
Je viens vous consulter, sûr que de votre bouche
Je puis apprendre au vrai le secret qui nous touche.
CÉLIE. Sous quel astre ton maître a-t-il reçu le jour?
MASCARILLE. Sous un astre à jamais ne changer son amour.
CÉLIE. Sans me nommer l'objet pour qui son cœur soupire,
La science que j'ai m'en peut assez instruire.
Cette fille a du cœur, et dans l'adversité
Elle sait conserver une noble fierté :
Elle n'est pas d'humeur à trop faire connaître
Les secrets sentiments qu'en son cœur on fait naître;
Mais je les sais comme elle, et, d'un esprit plus doux,
Je vais en peu de mots te les découvrir tous.
MASCARILLE. O merveilleux pouvoir de la vertu magique!
CÉLIE. Si ton maître en ce point de constance se pique,
Et que la vertu seule anime son dessein,
Qu'il n'appréhende plus de soupirer en vain :
Il a lieu d'espérer; et le fort qu'il veut prendre
N'est pas sourd aux traités et voudra bien se rendre.
MASCARILLE. C'est beaucoup; mais ce fort dépend d'un gouverneur
Difficile à gagner.
CÉLIE. C'est là tout le malheur.
MASCARILLE *à part regardant Lélie.*
Au diable le fâcheux qui toujours nous éclaire !
CÉLIE. Je vais vous enseigner ce que vous devez faire.
LÉLIE *les joignant.* Cessez, ô Trufaldin, de vous inquiéter;
C'est par mon ordre seul qu'il vous vient visiter;
Et je vous l'envoyais, ce serviteur fidèle,
Vous offrir mon service et vous parler pour elle,
Dont je vous veux dans peu payer la liberté,
Pourvu qu'entre nous deux le prix soit arrêté.
MASCARILLE *à part.* La peste soit la bête!
TRUFALDIN. Ho! ho! qui des deux croire?
Ce discours au premier est fort contradictoire.
MASCARILLE. Monsieur, ce galant homme a le cerveau blessé;
Ne le savez-vous pas?
TRUFALDIN. Je sai ce que je sai.
J'ai crainte ici dessous de quelque manigance.
(*A Célie.*) Rentrez, et ne prenez jamais cette licence.
Et vous, filous heffés, ou je me trompe fort,
Mettez, pour me jouer, vos flûtes mieux d'accord.

SCÈNE V.
LÉLIE, MASCARILLE.

MASCARILLE. C'est bien fait. Je voudrais qu'encor, sans flatterie,
Il nous eût d'un bâton chargés de compagnie.
A quoi bon se montrer, et, comme un étourdi,
Me venir démentir de tout ce que je di?
LÉLIE. Je pensais faire bien.
MASCARILLE. Oui, c'était fort l'entendre.
Mais quoi ! cette action ne me doit point surprendre :
Vous êtes si fertile en pareils contre-temps,
Que vos écarts d'esprit n'étonnent plus les gens.
LÉLIE. Ah! mon Dieu! pour un rien me voilà bien coupable !
Le mal est-il si grand qu'il soit irréparable?
Enfin, si tu ne mets Célie entre mes mains,
Songe au moins de Léandre à rompre les desseins;
Qu'il ne puisse acheter avant moi cette belle.
De peur que ma présence encor soit criminelle,
Je te laisse.
MASCARILLE *seul.* Fort bien. A dire vrai, l'argent
Serait dans notre affaire un sûr et fort agent :
Mais ce ressort manquant, il faut user d'un autre.

SCÈNE VI.
ANSELME, MASCARILLE.

ANSELME. Par mon chef, c'est un siècle étrange que le nôtre !
J'en suis confus. Jamais tant d'amour pour le bien,
Et jamais tant de peine à retirer le sien.
Les dettes aujourd'hui, quelque soin qu'on emploie,
Sont comme les enfants, que l'on conçoit en joie,
Et dont avecque peine on fait l'accouchement.
L'argent dans notre bourse entre agréablement :
Mais le terme venu que nous devons le rendre,
C'est lors que les douleurs commencent à nous prendre.
Baste, ce n'est pas peu que deux mille francs, dus
Depuis deux ans entiers, me soient enfin rendus;
Encore est-ce un bonheur.
MASCARILLE *à part les quatre premiers vers.* O Dieu ! la belle proie
A tirer en volant ! Chut, il faut que je voie
Si je pourrais un peu de près le caresser :
Je sais bien les discours dont il le faut bercer.
Je viens de voir, Anselme...
ANSELME. Et qui?
MASCARILLE. Votre Nérine.
ANSELME. Que dit-elle de moi, cette gente assassine?
MASCARILLE. Pour vous elle est de flamme...
ANSELME. Elle?
MASCARILLE. Et vous aime t
Que c'est grande pitié.
ANSELME. Que tu me rends content !
MASCARILLE. Peu s'en faut que d'amour la pauvrette ne meure.
Anselme, mon mignon, crie-t-elle à toute heure,
Quand est-ce que l'hymen unira nos deux cœurs,
Et que tu daigneras éteindre mes ardeurs?
ANSELME. Mais pourquoi jusqu'ici me les avoir celées?
Les filles, par ma foi, sont bien dissimulées !
Mascarille, en effet, qu'en dis-tu? quoique vieux,
J'ai de la mine encore assez pour plaire aux yeux.
MASCARILLE. Oui, vraiment, ce visage est encor fort mettable ;
S'il n'est pas des plus beaux, il est des agréable.
ANSELME. Si bien donc....
MASCARILLE *veut prendre la bourse.* Si bien donc qu'elle est sotte de v
Ne vous regarde plus...
ANSELME. Quoi !
MASCARILLE. Que comme un époux;
Et vous veut...
ANSELME. Et me veut...
MASCARILLE. Et vous veut, quoi qu'il tien
Prendre la bourse...
ANSELME. La...
MASCARILLE *prend la bourse et la laisse tomber.* La bouche avec la sien
ANSELME. Ah! je t'entends. Viens çà : lorsque tu la verras,
Vante-lui mon mérite autant que tu pourras.
MASCARILLE. Laissez-moi faire.
ANSELME. Adieu.
MASCARILLE. Que le ciel vous conduise !
ANSELME *revenant,* Ah ! vraiment, je faisais une étrange sottise,
Et tu pouvais pour toi m'accuser de froideur :
Je t'engage à servir mon amoureuse ardeur,
Je reçois par ta bouche une bonne nouvelle,
Sans du moindre présent récompenser ton zèle!
Tiens, tu te souviendras...
MASCARILLE. Ah! non pas, s'il vous plaît.
ANSELME. Laisse-moi...
MASCARILLE. Point du tout. J'agis sans intérêt.
ANSELME. Je le sais; mais pourtant...
MASCARILLE. Non, Anselme, vous dis-je.
Je suis homme d'honneur ; cela me désoblige.
ANSELME. Adieu donc, Mascarille.
MASCARILLE *à part.* O longs discours !
ANSELME. Je veux
Régaler par tes mains cet objet de mes vœux;
Et je vais te donner de quoi faire pour elle
L'achat de quelque bague, ou telle bagatelle
Que tu trouveras bon.
MASCARILLE. Non, laissez votre argent.
Sans vous mettre en souci, je ferai le présent;
Et l'on m'a mis en main une bague à la mode,
Qu'après vous payerez, si cela s'accommode.
ANSELME. Soit; donne-la pour moi : mais surtout fais si bien,
Qu'elle garde toujours l'ardeur de me voir sien.

SCÈNE VII.
LÉLIE, ANSELME, MASCARILLE.

LÉLIE *ramassant la bourse.* A qui la bourse?
ANSELME. Ah! dieux, elle m'était tomb
Et j'aurais après cru qu'on me l'eût dérobée !
Je vous suis bien tenu de ce soin obligeant
Qui m'épargne un grand trouble et me rend mon argent
Je vais m'en décharger au logis tout à l'heure

SCÈNE VIII.
LÉLIE, MASCARILLE.

MASCARILLE. C'est être officieux et très-fort, ou je meure.
LÉLIE. Ma foi, sans moi l'argent était perdu pour lui.
MASCARILLE. Certes, vous faites rage et payez aujourd'hui
D'un jugement très-rare et d'un bonheur extrême :
Nous avancerons fort, continuez de même.
LÉLIE. Qu'est-ce donc? Qu'ai-je fait?
MASCARILLE. Le sot, en bon françois,
Puisque je puis le dire et qu'enfin je le dois.
Il sait bien l'impuissance où son père le laisse;
Qu'un rival, qu'il doit craindre, étrangement nous press
Cependant quand je tente un coup pour l'obliger,
Dont je cours moi tout seul la honte et le danger...
LÉLIE. Quoi ! c'était...?
MASCARILLE. Oui, bourreau, c'était pour la captive

Que j'attrapais l'argent dont votre soin nous prive.
S'il est ainsi, j'ai tort. Mais qui l'eût deviné?
ELLE. Il fallait en effet être bien raffiné!
Tu me devais par signe avertir de l'affaire.
ILLE. Oui, je devais au dos avoir mon luminaire.
Au nom de Jupiter, laissez-nous en repos,
Et ne nous chantez plus d'impertinents propos.
Un autre après cela quitterait tout peut-être;
Mais j'avais médité tantôt un coup de maître,
Dont tout présentement je veux voir les effets.
A la charge que si...
　　　　　　　Non, je te le promets
De ne me mêler plus de rien dire ou rien faire.
ILLE. Allez donc : votre vue excite ma colère.
Mais surtout, hâte-toi, de peur qu'en ce dessein...
ILLE. Allez, encore un coup; j'y vais mettre la main.
　　　　　　　(*Lélie sort.*)
Menons bien ce projet : la fourbe sera fine,
S'il faut qu'elle succède ainsi que j'imagine.
Allons voir... Bon ! voici mon homme justement.

SCÈNE IX.
PANDOLFE, MASCARILLE.

PE. Mascarille !
ILLE. 　　　　　　Monsieur.
PE. 　　　　　　　　　A parler franchement,
Je suis mal satisfait de mon fils.
ILLE. 　　　　　　　　　　　De mon maître !
Vous n'êtes pas le seul qui se plaigne de l'être :
Sa mauvaise conduite, insupportable en tout,
Met à chaque moment ma patience à bout.
PE. Je vous croyais pourtant assez d'intelligence
Ensemble.
ILLE. 　　　Moi? Monsieur, perdez cette croyance :
Toujours de son devoir je tâche à l'avertir,
Et l'on nous voit sans cesse avoir maille à partir.
A l'heure même encor nous avons eu querelle
Sur l'hymen d'Hippolyte, où je le vois rebelle,
Où, par l'indignité d'un refus criminel,
Je le vois offenser le respect paternel.
PE. Querelle ?
ILLE. 　　　Oui, querelle, et bien avant poussée.
PE. Je me trompais donc bien, car j'avais la pensée
Qu'à tout ce qu'il faisait tu donnais de l'appui.
ILLE. Moi? Voyez ce que c'est que du monde aujourd'hui,
Et comme l'innocence est toujours opprimée.
Si mon intégrité vous était confirmée,
Je suis auprès de lui gagé pour serviteur,
Vous me voudriez encor payer pour précepteur :
Oui, vous ne devriez pas lui dire davantage
Que ce que je lui dis pour le faire être sage.
Monsieur, au nom de Dieu, lui fais-je assez souvent,
Cessez de vous laisser conduire au premier vent:
Réglez-vous : regardez l'honnête homme de père
Que vous avez du ciel, comme on le considère;
Cessez de lui vouloir donner la mort au cœur,
Et, comme lui, vivez en personne d'honneur.
PE. C'est parler comme il faut. Et que peut-il répondre?
ILLE. Répondre ? des chansons dont il me vient confondre.
Ce n'est pas qu'en effet, dans le fond de son cœur,
Il ne tienne de vous des semences d'honneur;
Mais sa raison n'est pas maintenant sa maîtresse.
Si je pouvais parler avecque hardiesse,
Vous le verriez dans peu soumis sans nul effort.
PE. Parle.
ILLE. 　　　C'est un secret qui m'importerait fort
S'il était découvert : mais à votre prudence
Je puis le confier avec toute assurance.
PE. Tu dis bien.
ILLE. 　　　　Sachez donc que vos vœux sont trahis
Par l'amour qu'une esclave imprime à votre fils.
PE. On m'en avait parlé ; mais l'action me touche
De voir que je l'apprenne encore par ta bouche.
ILLE. Vous voyez si je suis le secret confident...
PE. Vraiment je suis ravi de cela.
ILLE. 　　　　　　　　　　Cependant
A son devoir, sans bruit, désirez-vous le rendre?
Il faut... J'ai toujours peur qu'on nous vienne surprendre ;
Ce serait fait de moi, s'il savait ce discours.
Il faut, dis-je, pour rompre à toute chose cours,
Acheter sourdement l'esclave idolâtrée,
Et la faire passer en une autre contrée.
Anselme a grand accès auprès de Trufaldin ;
Qu'il aille l'acheter pour vous dès ce matin :
Après, si vous voulez en mes mains la remettre,

Je connais des marchands, et puis bien vous promettre
D'en retirer l'argent qu'elle pourra coûter,
Et, malgré votre fils, de la faire écarter.
Car enfin, si l'on veut qu'à l'hymen il se range,
A cet amour naissant il faut donner le change;
Et de plus, quand bien même il serait résolu
Qu'il aurait pris le joug que vous avez voulu,
Cet autre objet, pouvant réveiller son caprice,
Au mariage encor peut porter préjudice.
PANDOLFE. C'est très-bien raisonner, ce conseil me plaît fort...
Je vois Anselme ; va, je m'en vais faire effort
Pour avoir promptement cette esclave funeste,
Et la mettre en tes mains pour achever le reste.
MASCARILLE *seul*. Bon : allons avertir mon maître de ceci.
Vive la fourberie et les fourbes aussi.

SCÈNE X.
HIPPOLYTE, MASCARILLE.

HIPPOLYTE. Oui, traître, c'est ainsi que tu me rends service?
Je viens de tout entendre et voir ton artifice.
A moins que de cela l'eussé-je soupçonné ?
Tu payes d'imposture et tu m'en as donné.
Tu m'avais promis, lâche, et j'avais lieu d'attendre
Qu'on te verrait servir mes ardeurs pour Léandre ;
Que du choix de Lélie, où l'on veut m'obliger,
Ton adresse et tes soins sauraient me dégager ;
Que tu m'affranchirais du projet de mon père :
Et cependant ici tu fais tout le contraire !
Mais tu t'abuseras : je sais un sûr moyen
Pour rompre cet achat où tu pousses si bien;
Et je vais de ce pas...
MASCARILLE. 　　　　　　Ah ! que vous êtes prompte !
La mouche tout d'un coup à la tête vous monte,
Et, sans considérer s'il a raison ou non,
Votre esprit contre moi fait le petit démon.
J'ai tort, et je devrais, sans finir mon ouvrage,
Vous faire dire vrai, puisqu'ainsi l'on m'outrage.
HIPPOLYTE. Par quelle illusion penses-tu m'éblouir?
Traître, peux-tu nier ce que je viens d'ouïr?
MASCARILLE. Non. Mais il faut savoir que tout cet artifice
Ne va directement qu'à vous rendre service ;
Que ce conseil adroit, qui semble être sans fard,
Jette dans le panneau l'un et l'autre vieillard;
Que mon soin par leurs mains ne peut avoir Célie
Qu'à dessein de la mettre au pouvoir de Lélie,
Et faire que, l'effet de cette invention
Dans le dernier excès portant sa passion,
Anselme, rebuté de son prétendu gendre,
Puisse tourner son choix du côté de Léandre.
HIPPOLYTE. Quoi ! tout ce grand projet qui m'a mise en courroux,
Tu l'as formé pour moi, Mascarille !
MASCARILLE. 　　　　　　　　　　Oui, pour vous.
Mais puisqu'on reconnaît si mal mes bons offices,
Qu'il me faut de la sorte essuyer vos caprices,
Et que, pour récompense, on s'en vient de hauteur
Me traiter de faquin, de lâche, d'imposteur,
Je m'en vais réparer l'erreur que j'ai commise,
Et, dès ce même pas, rompre mon entreprise.
HIPPOLYTE *l'arrêtant*. Hé ! ne me traite pas si rigoureusement,
Et pardonne aux transports d'un premier mouvement !
MASCARILLE. Non, non, laissez-moi faire ; il est en ma puissance
De détourner le coup qui si fort vous offense.
Vous ne vous plaindrez point de mes soins désormais ;
Oui, vous aurez mon maître, et je vous le promets.
HIPPOLYTE. Hé ! mon pauvre garçon, que ta colère cesse !
J'ai mal jugé de toi, j'ai tort, je le confesse.
　　　　　　　(*Tirant sa bourse.*)
Mais je veux réparer ma faute par ceci.
Pourrais-tu te résoudre à me quitter ainsi?
MASCARILLE. Non, je ne le saurais, quelque effort que je fasse :
Mais votre promptitude est de mauvaise grâce.
Apprenez qu'il n'est rien qui blesse un noble cœur
Comme quand il peut voir qu'on le touche en l'honneur.
HIPPOLYTE. Il est vrai, je t'ai dit de trop grosses injures :
Mais que ces deux louis guériront tes blessures.
MASCARILLE. Hé ! tout cela n'est rien : je suis tendre à ces coups.
Mais déjà je commence à perdre mon courroux :
Il faut de ses amis endurer quelque chose.
HIPPOLYTE. Pourras-tu venir à bout de ce que je propose?
Et crois-tu que l'effet de tes desseins hardis
Produise à mon amour le succès que tu dis?
MASCARILLE. N'ayez point pour ce fait l'esprit sur des épines.
J'ai des ressorts tout prêts pour diverses machines ;
Et quand ce stratagème à nos vœux manquerait,
Ce qu'il ne ferait pas, un autre le ferait.

HIPPOLYTE. Crois qu'Hippolyte au moins ne sera pas ingrate.
MASCARILLE. L'espérance du gain n'est pas ce qui me flatte.
HIPPOLYTE. Ton maître te fait signe, et veut parler à toi :
Je te quitte, mais songe à bien agir pour moi.

SCÈNE XI.
LÉLIE, MASCARILLE.

LÉLIE. Que diable fais-tu là ? Tu me promets merveille;
Mais ta lenteur d'agir est pour moi sans pareille.
Sans que mon bon génie au-devant m'a poussé,
Déjà tout mon bonheur eût été renversé;
C'était fait de mon bien, c'était fait de ma joie;
D'un regret éternel je devenais la proie :
Bref, si je ne me fusse en ce lieu rencontré,
Anselme avait l'esclave, et j'en étais frustré;

ACTE I, SCÈNE VII.
LÉLIE *ramassant la bourse.* A qui la bourse?

Il l'emmenait chez lui. Mais j'ai paré l'atteinte,
J'ai détourné le coup, et tant fait, que par crainte
Le pauvre Trufaldin l'a retenue.
MASCARILLE. Et trois :
Quand nous serons à dix, nous ferons une croix.
C'était par mon adresse, ô cervelle incurable !
Qu'Anselme entreprenait cet achat favorable :
Entre mes propres mains on la devait livrer;
Et vos soins endiablés nous en viennent sevrer.
Et puis pour votre amour je m'emploierais encore !
J'aimerais mieux cent fois être grosse pécore,
Devenir cruche, chou, lanterne, loup-garou,
Et que monsieur Satan vous vînt tordre le cou.
LÉLIE *seul.* Il nous le faut mener en quelque hôtellerie,
Et faire sur les pots décharger sa furie.

ACTE DEUXIÈME.

SCÈNE I.
LÉLIE, MASCARILLE.

MASCARILLE. A vos désirs enfin il a fallu se rendre :
Malgré tous mes serments je n'ai pu m'en défendre,
Et pour vos intérêts, que je voulais laisser,
En de nouveaux périls viens de m'embarrasser.
Je suis ainsi facile; et si de Mascarille
Madame la nature avait fait une fille,
Je vous laisse à penser ce que ç'aurait été.
Toutefois n'allez pas sur cette sûreté
Donner de vos revers au projet que je tente,
Me faire une bévue et rompre mon attente.
Auprès d'Anselme encor nous vous excuserons,
Pour en pouvoir tirer ce que nous désirons :
Mais si dorénavant votre imprudence éclate,
Adieu, vous dis, mes soins pour l'espoir qui vous flatte
LÉLIE. Non, je serai prudent, te dis-je; ne crains rien :
Tu verras seulement...
MASCARILLE. Souvenez-vous-en bien;
J'ai commencé pour vous un hardi stratagème.
Votre père fait voir une paresse extrême
A rendre par sa mort tous vos désirs contents;
Je viens de le tuer (de parole, j'entends):
Je fais courir le bruit que d'une apoplexie
Le bonhomme surpris a quitté cette vie.
Mais avant, pour pouvoir mieux feindre ce trépas,
J'ai fait que vers sa grange il a porté ses pas :
On est venu lui dire, et par mon artifice,
Que les ouvriers qui sont après son édifice,
Parmi les fondements qu'ils en jettent encor,
Avaient fait par hasard rencontre d'un trésor.
Il a volé d'abord; et comme il a la campagne
Tout son monde à présent, hors nous deux, l'accomp
Dans l'esprit d'un chacun je le tue aujourd'hui,
Et produis un fantôme enseveli pour lui.
Enfin je vous ai dit à quoi je vous engage :
Jouez bien votre rôle. Et pour mon personnage,
Si vous apercevez que j'y manque d'un mot,
Dites absolument que je ne suis qu'un sot.

SCÈNE II.
LÉLIE *seul.*

Son esprit, il est vrai, trouve une étrange voie
Pour adresser mes vœux au comble de leur joie :
Mais quand d'un bel objet on est bien amoureux,
Que ne ferait-on pas pour devenir heureux?
Si l'amour est au crime une assez belle excuse,
Il en peut bien servir à la petite ruse
Que sa flamme aujourd'hui me force d'approuver,
Par la douceur du bien qui m'en doit arriver.
Juste ciel ! qu'ils sont prompts ! je les vois en parole.
Allons nous préparer à jouer notre rôle.

SCÈNE III.
ANSELME, MASCARILLE.

MASCARILLE. La nouvelle a sujet de vous surprendre fort.
ANSELME. Être mort de la sorte !
MASCARILLE. Il a certes grand tort :
Je lui sais mauvais gré d'une telle incartade.
ANSELME. N'avoir pas seulement le temps d'être malade !
MASCARILLE. Non, jamais homme n'eut si hâte de mourir.
ANSELME. Et Lélie ?
MASCARILLE. Il se bat, et ne peut rien souffrir;
Il s'est fait en maint lieu contusion et bosse,
Et veut accompagner son papa dans la fosse :
Enfin, pour achever, l'excès de son transport
M'a fait en grande hâte ensevelir le mort,
De peur que cet objet, qui le rend hypocondre,
A faire un vilain coup ne me l'allât semondre.
ANSELME. N'importe, tu devais attendre jusqu'au soir;
Outre qu'encore un coup j'aurais voulu le voir,
Qui tôt ensevelit bien souvent assassine;
Et tel est cru défunt qui n'en a que la mine.
MASCARILLE. Je vous le garantis trépassé comme il faut.
Au reste, pour venir au discours de tantôt,
Lélie, et l'action lui sera salutaire,
D'un bel enterrement veut régaler son père,
Et consoler un peu ce défunt de son sort
Par le plaisir de voir faire honneur à sa mort.
Il hérite beaucoup : mais comme en ses affaires
Il se trouve assez neuf et ne voit encor guères,
Que son bien la plupart n'est point en ces quartiers,
Ou que ce qu'il y tient consiste en des papiers,
Il voudrait vous prier, ensuite de l'instance,
D'excuser de tantôt son trop de violence,
De lui prêter au moins pour ce dernier devoir...
ANSELME. Tu me l'as déjà dit; et je m'en vais le voir.
MASCARILLE *seul.* Jusques ici du moins tout va le mieux du monde
Tâchons à ce progrès que le reste réponde;
Et, de peur de trouver dans le port un écueil,
Conduisons le vaisseau de la main et de l'œil.

SCÈNE IV.
ANSELME, LÉLIE, MASCARILLE.

ANSELME. Sortons; je ne saurais qu'avec douleur très-forte
Le voir empaqueté de cette étrange sorte.

Las! en si peu de temps! Il vivait ce matin!
BILLE. En peu de temps par fois on fait bien du chemin.
pleurant. Ah!
ME. Mais quoi, cher Lélie! enfin il était homme.
On n'a point pour la mort de dispense de Rome.
Ah!
ME. Sans leur dire gare, elle abat les humains,
Et contre eux de tout temps a de mauvais desseins.
Ah!
ME. Ce fier animal, pour toutes les prières,
Ne perdrait pas un coup de ses dents meurtrières.
Tout le monde y passe.
Ah!

ACTE I, SCÈNE X.
HIPPOLYTE l'arrêtant. Hé! ne me traite pas si rigoureusement.

RILLE. Vous avez beau prêcher,
Ce deuil enraciné ne se peut arracher.
ME. Si malgré ces raisons votre ennui persévère,
Mon cher Lélie, au moins faites qu'il se modère.
Ah!
RILLE. Il n'en fera rien, je connais son humeur.
ME. Au reste, sur l'avis de votre serviteur,
J'apporte ici l'argent qui vous est nécessaire
Pour faire célébrer les obsèques d'un père.
Ah! ah!
RILLE. Comme à ce mot s'augmente sa douleur!
Il ne peut, sans mourir, songer à ce malheur.
ME. Je sais que vous verrez aux papiers du bonhomme
Que je suis débiteur d'une plus grande somme:
Mais, quand par ces raisons je ne vous devrais rien,
Vous pourriez librement disposer de mon bien.
Tenez; je suis tout vôtre, et le ferai paraître.
s'en allant. Ah!
RILLE. Le grand déplaisir que sent monsieur mon maître!
ME. Mascarille, je crois qu'il serait à propos
Qu'il me fît de sa main un reçu de deux mots.
RILLE. Ah!
ME. Des événements l'incertitude est grande.
RILLE. Ah!
ME. Faisons-lui signer le mot que je demande.
RILLE. Las! en l'état qu'il est, comment vous contenter?
Donnez-lui le loisir de se désattrister;
Et quand ses déplaisirs auront quelque allégeance,
J'aurai soin d'en tirer d'abord votre assurance.
Adieu. Je sens mon cœur qui se gonfle d'ennui,
Et m'en vais tout mon soûl pleurer avecque lui.
Hi!

ANSELME seul. Le monde est rempli de beaucoup de traverses;
Chaque homme tous les jours en ressent de diverses;
Et jamais ici-bas...

SCÈNE V.
PANDOLFE, ANSELME.

ANSELME. Ah bons dieux! je frémi!
Pandolfe qui revient! Fût-il bien endormi!
Comme depuis sa mort sa face est amaigrie!
Las! ne m'approchez pas de plus près, je vous prie!
J'ai trop de répugnance à coudoyer un mort.
PANDOLFE. D'où peut donc provenir ce bizarre transport?
ANSELME. Dites-moi de bien loin quel sujet vous amène.
Si pour me dire adieu vous prenez tant de peine,
C'est trop de courtoisie, et véritablement
Je me serais passé de votre compliment.
Si votre âme est en peine et cherche des prières,
Las! je vous en promets, et ne m'effrayez guères!
Foi d'homme épouvanté, je vais faire à l'instant
Prier tant Dieu pour vous que vous serez content.
Disparaissez donc, je vous prie;
Et que le ciel, par sa bonté,
Comble de joie et de santé
Votre défunte seigneurie!
PANDOLFE riant. Malgré tout mon dépit, il m'y faut prendre part.
ANSELME. Las! pour un trépassé vous êtes bien gaillard!
PANDOLFE. Est-ce jeu, dites-nous, ou bien si c'est folie
Qui traite de défunt une personne en vie?
ANSELME. Hélas! vous êtes mort, et je viens de vous voir...
PANDOLFE. Quoi! j'aurais trépassé sans m'en apercevoir?
ANSELME. Sitôt que Mascarille en a dit la nouvelle,
J'en ai senti dans l'âme une douleur mortelle.

ACTE III, SCÈNE XIII.
TRUFALDIN à sa fenêtre. ... Elle vous fait présent de cette cassolette.

PANDOLFE. Mais enfin dormez-vous? Êtes-vous éveillé?
Me connaissez-vous pas?
ANSELME. Vous êtes habillé
D'un corps aérien qui contrefait le vôtre,
Mais qui dans un moment peut devenir tout autre.
Je crains fort de vous voir comme un géant grandir,
Et tout votre visage affreusement laidir.
Pour Dieu, ne prenez point de vilaine figure;
J'ai prou de ma frayeur en cette conjoncture.
PANDOLFE. En une autre saison, cette naïveté
Dont vous accompagnez votre crédulité,
Anselme, me serait un charmant badinage,
Et j'en prolongerais le plaisir davantage:

Mais, avec cette mort, un trésor supposé,
Dont parmi les chemins on m'a désabusé,
Fomente dans mon âme un soupçon légitime.
Mascarille est un fourbe, et fourbe fourbissime,
Sur qui ne peuvent rien la crainte et les remords,
Et qui pour ses desseins a d'étranges ressorts.
ANSELME. M'aurait-on joué pièce et fait supercherie?
Ah! vraiment, ma raison, vous seriez fort jolie!
Touchons un peu pour voir. En effet c'est bien lui.
Malepeste du sot que je suis aujourd'hui!
De grâce, n'allez pas divulguer un tel conte;
On en ferait jouer quelque farce à ma honte.
Mais, Pandolfe, aidez-moi vous-même à retirer
L'argent que j'ai donné pour vous faire enterrer.
PANDOLFE. De l'argent, dites-vous? Ah! voilà l'enclouure!
C'est là le nœud secret de toute l'aventure!
A votre dam. Pour moi, sans me mettre en souci,
Je vais faire informer de cette affaire-ci
Contre ce Mascarille; et si l'on peut le prendre,
Quoi qu'il puisse coûter, je le veux faire pendre.
ANSELME seul. Et moi, la bonne dupe à trop croire un vaurien,
Il faut donc qu'aujourd'hui je perde et sens et bien :
Il me sied bien, ma foi, de porter tête grise,
Et d'être encor si prompt à faire une sottise;
D'examiner si peu sur un premier rapport...
Mais je vois...

SCÈNE VI.
LÉLIE, ANSELME.

LÉLIE. Maintenant avec ce passe-port
Je puis à Trufaldin rendre aisément visite.
ANSELME. A ce que je puis voir, votre douleur vous quitte?
LÉLIE. Que dites-vous? Jamais elle ne quittera
Un cœur qui chèrement toujours la gardera.
ANSELME. Je reviens sur mes pas vous dire avec franchise
Que tantôt avec vous j'ai fait une méprise;
Que parmi ces louis, quoiqu'ils semblent très-beaux,
J'en ai, sans y penser, mêlé que je tiens faux;
Et j'apporte sur moi de quoi mettre en leur place.
De nos faux monnayeurs l'insupportable audace
Pullule en cet état d'une telle façon,
Qu'on ne reçoit plus rien qui soit hors de soupçon.
Mon Dieu! qu'on ferait bien de les faire tous pendre!
LÉLIE. Vous me faites plaisir de les vouloir reprendre :
Mais je n'en ai point vu de faux, comme je croi.
ANSELME. Je les connaîtrai bien, montrez, montrez-les moi.
Est-ce tout?
LÉLIE. Oui.
ANSELME. Tant mieux. Enfin je vous raccroche,
Mon argent bien aimé; rentrez dedans ma poche.
Et vous, mon brave escroc, vous ne tenez plus rien.
Vous tuez donc des gens qui se portent fort bien?
Et qu'auriez-vous donc fait sur moi chétif beau-père?
Ma foi! je m'engendrais d'une belle manière,
Et j'allais prendre en vous un beau-fils fort discret!
Allez, allez mourir de honte et de regret.
LÉLIE seul. Il faut dire, j'en tiens. Quelle surprise extrême!
D'où peut-il avoir su sitôt le stratagème?

SCÈNE VII.
LÉLIE, MASCARILLE.

MASCARILLE. Quoi! vous étiez sorti? Je vous cherchais partout.
Hé bien! en sommes-nous enfin venus à bout?
Je le donne en six coups au fourbe le plus brave.
Çà, donnez-moi que j'aille acheter notre esclave;
Votre réval après sera bien étonné.
LÉLIE. Ah! mon pauvre garçon, la chance a bien tourné!
Pourrais-tu de mon sort deviner l'injustice?
MASCARILLE. Quoi? que serait-ce...
LÉLIE. Anselme, instruit de l'artifice,
M'a repris maintenant tout ce qu'il nous prêtait,
Sous couleur de changer de l'or que l'on doutait.
MASCARILLE. Vous vous moquez peut-être.
LÉLIE. Il est trop véritable.
MASCARILLE. Tout de bon?
LÉLIE. Tout de bon; j'en suis inconsolable.
Tu te vas emporter d'un courroux sans égal.
MASCARILLE. Moi, monsieur! quelque sot : la colère fait mal;
Et je veux me choyer, quoi qu'enfin il arrive.
Que Célie, après tout, soit ou libre ou captive,
Que Léandre l'achète, ou qu'elle reste là,
Pour moi, je m'en soucie autant que de cela.
LÉLIE. Ah! n'aye point pour moi si grande indifférence,
Et sois plus indulgent à ce peu d'imprudence!
Sans ce dernier malheur, ne m'avoueras-tu pas

Que j'avais fait merveille, et qu'en ce feint trépas
J'éludais un chacun d'un deuil si vraisemblable,
Que les plus clairvoyants l'auraient cru véritable?
MASCARILLE. Vous avez en effet sujet de vous louer.
LÉLIE. Hé bien! je suis coupable, et je veux l'avouer;
Mais si jamais mon bien te fut considérable,
Répare ce malheur, et me sois secourable.
MASCARILLE. Je vous baise les mains; je n'ai pas le loisir.
LÉLIE. Mascarille, mon fils!
MASCARILLE. Point.
LÉLIE. Fais-moi ce plaisir.
MASCARILLE. Non, je n'en ferai rien.
LÉLIE. Si tu m'es inflexible,
Je m'en vais me tuer.
MASCARILLE. Soit; il vous est loisible.
LÉLIE. Je ne te puis fléchir?
MASCARILLE. Non.
LÉLIE. Vois-tu le fer prêt?
MASCARILLE. Oui.
LÉLIE. Je vais le pousser.
MASCARILLE. Faites ce qu'il vous plait.
LÉLIE. Tu n'auras pas regret de m'arracher la vie?
MASCARILLE. Non.
LÉLIE. Adieu, Mascarille.
MASCARILLE. Adieu, monsieur Lélie.
LÉLIE. Quoi!
MASCARILLE. Tuez-vous donc vite. Ah! que de longs devis.
LÉLIE. Tu voudrais bien, ma foi! pour avoir mes habits,
Que je fisse le sot, et que je me tuasse.
MASCARILLE. Savais-je pas qu'enfin ce n'était que grimace;
Et, quoi que ces esprits jurent d'effectuer,
Qu'on n'est point aujourd'hui si prompt à se tuer!

SCÈNE VIII.
TRUFALDIN, LÉANDRE, LÉLIE, MASCARILLE.

(*Trufaldin parle bas à Léandre dans le fond du théâtre.*)
LÉLIE. Que vois-je? Mon rival et Trufaldin ensemble!
Il achète Célie. Ah! de frayeur je tremble!
MASCARILLE. Il ne faut point douter qu'il fera ce qu'il peut;
Et, s'il a de l'argent, qu'il pourra ce qu'il veut.
Pour moi, j'en suis ravi. Voilà la récompense
De vos brusques erreurs, de votre impatience.
LÉLIE. Que dois-je faire? dis : veuille me conseiller.
MASCARILLE. Je ne sais.
LÉLIE. Laisse-moi, je vais le quereller.
MASCARILLE. Qu'en arrivera-t-il?
LÉLIE. Que veux-tu que je fasse
Pour empêcher ce coup?
MASCARILLE. Allez, je vous fais grâce :
Je jette encore un œil pitoyable sur vous.
Laissez-moi l'observer : par des moyens plus doux
Je vais, comme je crois, savoir ce qu'il projette.
(*Lélie sort.*)
TRUFALDIN à *Léandre*. Quand on viendra tantôt, c'est une affaire fa
(*Trufaldin sort.*)
MASCARILLE à part en s'en allant.
Il faut que je l'attrape, et que de ses desseins
Je sois le confident pour mieux les rendre vains.
LÉANDRE. Grâces au ciel, voilà mon bonheur hors d'atteinte,
J'ai su me l'assurer, et je n'ai plus de crainte.
Quoi que désormais puisse entreprendre un rival,
Il n'est plus en pouvoir de me faire du mal.

SCÈNE IX.
LÉANDRE, MASCARILLE.

MASCARILLE dit ces deux vers dans la maison et entre sur le théâtr
Aie! aie! à l'aide! au meurtre! au secours! on m'assom
Ah! ah! ah! ah! ah! ah! O traître! ô bourreau d'homm
LÉANDRE. D'où procède cela? Qu'est-ce? que te fait-on?
MASCARILLE. On vient de me donner deux cents coups de bâton.
LÉANDRE. Qui?
MASCARILLE. Lélie.
LÉANDRE. Et pourquoi?
MASCARILLE. Pour une bagatelle
Il me chasse et me bat d'une façon cruelle.
LÉANDRE. Ah! vraiment, il a tort!
MASCARILLE. Mais, ou je ne pourrai,
Ou je jure bien fort que je m'en vengerai.
Oui, je te ferai voir, batteur que Dieu confonde!
Que ce n'est pas pour rien qu'il faut rouer le monde;
Que je suis un valet, mais fort homme d'honneur;
Et qu'après m'avoir en quatre ans pour serviteur,
Il ne me fallait pas payer en coups de gaules,
Et me faire un affront si sensible aux épaules.
Je te le dis encor, je saurai m'en venger.

Une esclave te plaît, tu voulais m'engager
A la mettre en tes mains; et je veux faire en sorte
Qu'un autre te l'enlève, ou le diable m'emporte!
DRE. Écoute, Mascarille, et quitte ce transport.
Tu m'as plu de tout temps, et je souhaitais fort
Qu'un garçon comme toi, plein d'esprit et fidèle,
A mon service un jour pût attacher son zèle.
Enfin, si le parti te semble bon pour toi,
Si tu veux me servir, je t'arrête avec moi.
ARILLE. Oui, monsieur, d'autant mieux que le destin propice
M'offre à me bien venger en vous rendant service;
Et que dans mes efforts pour vos contentements
Je puis à mon brutal trouver des châtiments :
De Célie, en un mot, par mon adresse extrême.....
DRE. Mon amour s'est rendu cet office lui-même.
Enflammé d'un objet qui n'a point de défaut,
Je viens de l'acheter moins encor qu'il ne vaut.
ARILLE. Quoi! Célie est à vous?
DRE. Tu la verrais paraître,
Si de mes actions j'étais tout à fait maître :
Mais quoi! mon père l'est; comme il a volonté,
Ainsi que je l'apprends d'un paquet apporté,
De me déterminer à l'hymen d'Hippolyte,
J'empêche qu'un rapport de tout ceci l'irrite.
Donc avec Trufaldin, car je sors de chez lui,
J'ai voulu tout exprès agir au nom d'autrui;
Et, l'achat fait, ma bague est la marque choisie
Sur laquelle au premier il doit livrer Célie.
Je songe auparavant à chercher les moyens
D'ôter aux yeux de tous ce qui charme les miens,
A trouver promptement un endroit favorable
Où puisse être en secret cette captive aimable.
CARILLE. Hors de la ville un peu, je puis avec raison
D'un vieux parent que j'ai vous offrir la maison;
Là vous pourrez la mettre avec toute assurance,
Et de cette action nul n'aura connaissance.
DRE. Oui? Ma foi, tu me fais un plaisir souhaité.
Tiens donc, et va pour moi prendre cette beauté :
Dès que par Trufaldin ma bague sera vue,
Aussitôt en tes mains elle sera rendue,
Et dans cette maison tu me la conduiras.
Quand... Mais chut, Hippolyte est ici sur nos pas.

SCÈNE X.
HIPPOLYTE, LÉANDRE, MASCARILLE.

OLYTE. Je dois vous annoncer, Léandre, une nouvelle;
Mais la trouverez-vous agréable, ou cruelle?
DRE. Pour en pouvoir juger, et répondre soudain,
Il faudrait la savoir.
OLYTE. Donnez-moi donc la main
Jusqu'au temple; en marchant je pourrai vous l'apprendre.
DRE à *Mascarille*. Va, va-t'en me servir sans davantage attendre.

SCÈNE XI.
MASCARILLE seul.

Oui, je te vais servir d'un plat de ma façon.
Fut-il jamais au monde un plus heureux garçon?
Oh! que dans un moment Lélie aura de joie!
Sa maîtresse en sera moins tomber par cette voie!
Recevoir tout son bien d'où l'on attend son mal!
Et devenir heureux par la main d'un rival!
Après ce rare exploit, je veux que l'on s'apprête
A me peindre en héros, un laurier sur la tête,
Et qu'au bas du portrait on mette en lettres d'or
Vivat Mascarillus fourbum imperator!

SCÈNE XII.
TRUFALDIN, MASCARILLE.

CARILLE. Holà!
ALDIN. Que voulez-vous?
ARILLE. Cette bague connue
Vous dira le sujet qui cause ma venue.
ALDIN. Oui, je reconnais bien la bague que voilà.
Je vais quérir l'esclave, arrêtez un peu là.

SCÈNE XIII.
TRUFALDIN, UN COURRIER, MASCARILLE.

OURRIER à *Trufaldin*.
Seigneur, obligez-moi de m'enseigner un homme...
ALDIN. Et qui?
OURRIER. Je crois que c'est Trufaldin qu'il se nomme.
ALDIN. Et que lui voulez-vous? Vous le voyez ici.
OURRIER. Lui rendre seulement la lettre que voici.
ALDIN *lit*. « Le ciel, dont la bonté prend souci de ma vie,
» Vient de me faire ouïr, par un bruit assez doux,
» Que ma fille, à quatre ans par des voleurs ravie,
» Sous le nom de Célie est esclave chez vous.
» Si vous sûtes jamais ce que c'est qu'être père,
» Et vous trouvez sensible aux tendresses du sang,
» Conservez-moi chez vous cette fille si chère;
» Comme si de la vôtre elle tenait le rang.
» Pour l'aller retirer je pars d'ici moi-même,
» Et vous vais de vos soins récompenser si bien,
» Que par votre bonheur, que je veux rendre extrême,
» Vous bénirez le jour où vous causez le mien. »
De Madrid. Don PEDRO DE GUSMAN,
marquis DE MONTALCANE.
(*Il continue*.)
Quoiqu'à leur nation bien peu de foi soit due,
Ils me l'avaient bien dit, ceux qui me l'ont vendue,
Que je verrais dans peu quelqu'un la retirer,
Et que je n'aurais pas sujet d'en murmurer :
Et cependant j'allais, dans mon impatience,
Perdre aujourd'hui les fruits d'une haute espérance.
(*Au courrier*.)
Un seul moment plus tard tous vos pas étaient vains,
J'allais mettre à l'instant cette fille en ses mains :
Mais suffit; j'en aurai tout le soin qu'on désire.
(*Le courrier sort*.)
(*A Mascarille*.)
Vous-même vous voyez ce que je viens de lire.
Vous direz à celui qui vous a fait venir
Que je ne lui saurais ma parole tenir;
Qu'il vienne retirer son argent.
MASCARILLE. Mais l'outrage
Que vous lui faites...
TRUFALDIN. Va, sans causer davantage.
MASCARILLE *seul*. Ah! le fâcheux paquet que nous venons d'avoir!
Le sort a bien donné la baie à mon espoir;
Et bien à la male-heure est-il venu d'Espagne
Ce courrier, que la foudre ou la grêle accompagne!
Jamais, certes, jamais plus beau commencement
N'eut en si peu temps plus triste événement.

SCÈNE XIV.
LÉLIE *riant*, MASCARILLE.

MASCARILLE. Quel beau transport de joie à présent vous inspire?
LÉLIE. Laisse-m'en rire encore avant que te le dire.
MASCARILLE. Çà, rions donc bien fort, nous en avons sujet.
LÉLIE. Ah! je ne serai plus de tes plaintes l'objet :
Tu ne me diras plus, toi qui toujours me cries,
Que je gâte en brouillon toutes tes fourberies.
J'ai bien joué moi-même un tour des plus adroits.
Il est vrai, je suis prompt, et m'emporte parfois :
Mais pourtant, quand je veux, j'ai l'imaginative
Aussi bonne, en effet, que personne qui vive;
Et toi-même avoueras que ce que j'ai fait part
D'une pointe d'esprit où peu de monde a part.
MASCARILLE. Sachons donc ce qu'a fait cette imaginative.
LÉLIE. Tantôt, l'esprit ému d'une frayeur bien vive
D'avoir vu Trufaldin avecque mon rival,
Je songeais à trouver un remède à ce mal;
Lorsque, me ramassant tout entier en moi-même,
J'ai conçu, digéré, produit un stratagème
Devant qui tous tes tiens, dont tu fais tant de cas,
Doivent, sans contredit, mettre pavillon bas.
MASCARILLE. Mais qu'est-ce?
LÉLIE. Ah! s'il te plaît, donne-toi patience.
J'ai donc feint une lettre avecque diligence,
Comme d'un grand seigneur écrite à Trufaldin,
Qui mande qu'ayant su, par un heureux destin,
Qu'une esclave qu'il tient sous le nom de Célie
Est sa fille, autrefois par des voleurs ravie,
Il veut la venir prendre, et le conjure au moins
De la garder toujours, de lui rendre des soins;
Qu'à ce sujet il part d'Espagne, et doit pour elle
Par de si grands présents reconnaître son zèle,
Qu'il n'aura point regret de causer son bonheur.
MASCARILLE. Fort bien.
LÉLIE. Ecoute donc; voici bien le meilleur.
La lettre que je dis a donc été remise.
Mais sais-tu bien comment? En saison si bien prise,
Que le porteur n'a pas eu le trait falot,
Un homme l'emmenait, qui s'est trouvé fort sot.
MASCARILLE. Vous avez fait ce coup sans vous donner au diable?
LÉLIE. Oui. D'un tour si subtil m'aurais-tu cru capable?
Loue au moins mon adresse, et la dextérité
Dont je romps d'un rival le dessein concerté.
MASCARILLE. A vous pouvoir louer selon votre mérite

Je manque d'éloquence, et ma force est petite.
Oui, pour bien étaler cet effort relevé,
Ce bel exploit de guerre à nos yeux achevé,
Ce grand et rare effet d'une imaginative
Qui ne cède en vigueur à personne qui vive,
Ma langue est impuissante, et je voudrais avoir
Celles de tous les gens du plus exquis savoir,
Pour vous dire en beaux vers, ou bien en docte prose,
Que vous serez toujours, quoi que l'on se propose,
Tout ce que vous avez été durant vos jours;
C'est-à-dire un esprit chaussé tout à rebours,
Une raison malade et toujours en débauche,
Un envers du bon sens, un jugement à gauche,
Un brouillon, une bête, un brusque, un étourdi,
Que sais-je? un... cent fois plus encor que je ne di.
C'est faire en abrégé votre panégyrique.

LÉLIE. Apprends-moi le sujet qui contre moi te pique.
Ai-je fait quelque chose? Eclaircis-moi ce point.
MASCARILLE. Non, vous n'avez rien fait. Mais ne me suivez point.
LÉLIE. Je te suivrai partout pour savoir ce mystère.
MASCARILLE. Oui! Sus donc, préparez vos jambes à bien faire;
Car je vais vous fournir de quoi les exercer.
LÉLIE seul. Il m'échappe. O malheur qui ne se peut forcer!
Au discours qu'il m'a fait que saurais-je comprendre?
Et quel mauvais office aurais-je pu me rendre?

ACTE TROISIÈME.

SCÈNE I.

MASCARILLE seul.

Taisez-vous, ma bonté, cessez votre entretien,
Vous êtes une sotte, et je n'en ferai rien.
Oui, vous avez raison, mon courroux, je l'avoue,
Relier tant de fois ce qu'un brouillon dénoue,
C'est trop de patience; et je dois en sortir,
Après de si beaux coups qu'il a su divertir.
Mais aussi raisonnons un peu sans violence.
Si je suis maintenant ma juste impatience,
On dira que je cède à la difficulté,
Que je me trouve à bout de ma subtilité.
Et que deviendra lors cette publique estime
Qui te vante partout pour un fourbe sublime,
Et que tu t'es acquise en tant d'occasions
A ne t'être jamais vu court d'inventions?
L'honneur, ô Mascarille, est une belle chose!
A tes nobles travaux ne fais aucune pause;
Et quoi qu'un maître ait fait pour te faire enrager,
Achève pour ta gloire, et non pour l'obliger.
Mais quoi! que feras-tu que de l'eau toute claire?
Traversé sans repos par le démon contraire,
Tu vois qu'à chaque instant il te fait déchanter,
Et que c'est battre l'eau de prétendre arrêter
Ce torrent effréné qui de tes artifices
Renverse en un moment les plus beaux édifices.
Hé bien! pour toute grâce, encore un coup du moins,
Au hasard du succès sacrifions des soins;
Et s'il poursuit encore à rompre notre chance,
J'y consens, ôtons-lui toute notre assistance.
Cependant notre affaire encor n'irait pas mal,
Si par là nous pouvions perdre notre rival,
Et que Léandre enfin, lassé de sa poursuite,
Nous laissât jour entier pour ce que je médite.
Oui, je roule en ma tête un trait ingénieux,
Dont je promettrais bien un succès glorieux,
Si je puis n'avoir plus cet obstacle à combattre.
Bon : voyons si son feu se rend opiniâtre.

SCÈNE II.

LÉANDRE, MASCARILLE.

MASCARILLE. Monsieur, j'ai perdu temps; votre homme se dédit.
LÉANDRE. De la chose lui-même il m'a fait le récit:
Mais c'est bien plus; j'ai su que tout ce beau mystère
D'un rapt d'Egyptiens, d'un grand seigneur pour père
Qui doit partir d'Espagne et venir en ces lieux,
N'est qu'un pur stratagème, un trait facétieux,
Une histoire à plaisir, un conte dont Célie
A voulu détourner notre achat de Célie.
MASCARILLE. Voyez un peu la fourbe!
LÉANDRE.   Et pourtant Trufaldin
Est si bien imprimé de ce conte badin,
Mord si bien à l'appât de cette faible ruse,
Qu'il ne veut point souffrir que l'on le désabuse.

MASCARILLE. C'est pourquoi désormais il la gardera bien,
Et je ne vois pas lieu d'y prétendre plus rien.
LÉANDRE. Si d'abord à mes yeux elle parut aimable,
Je viens de la trouver tout à fait adorable;
Et je suis en suspens si, pour me l'acquérir,
Aux extrêmes moyens je ne dois point courir,
Par le don de ma foi rompre sa destinée,
Et changer ses liens en ceux de l'hyménée.
MASCARILLE. Vous pourriez l'épouser?
LÉANDRE.   Je ne sais; mais enfin,
Si quelque obscurité se trouve en son destin,
Sa grâce et sa vertu sont de douces amorces
Qui pour tirer les cœurs ont d'incroyables forces.
MASCARILLE. Sa vertu, dites-vous?
LÉANDRE.   Quoi? que murmures-tu?
Achève; explique-toi sur ce mot de vertu.
MASCARILLE. Monsieur, votre visage en un moment s'altère,
Et je ferai bien mieux peut-être de me taire.
LÉANDRE. Non, non, parle.
MASCARILLE.   Hé bien donc, très-charitablement
Je vous veux retirer de votre aveuglement.
Cette fille...
LÉANDRE. Poursuis.
MASCARILLE.   N'est rien moins qu'inhumaine;
Dans le particulier elle oblige sans peine;
Et son cœur, croyez-moi, n'est point roche après tout
A quiconque la sait prendre par le bon bout:
Elle fait la sucrée, et veut passer pour prude.
Mais je puis en parler avecque certitude.
Vous savez que je suis quelque peu du métier
A me devoir connaître en un pareil gibier.
LÉANDRE. Célie!...
MASCARILLE.   Oui, sa pudeur n'est que franche grimace,
Qu'une ombre de vertu qui garde mal la place,
Et qui s'évanouit, comme l'on peut savoir,
Aux rayons du soleil qu'une bourse fait voir.
LÉANDRE. Las! que dis-tu? Croirai-je un discours de la sorte?
MASCARILLE. Monsieur, les volontés sont libres; que m'importe?
Non, ne me croyez pas, suivez votre dessein;
Prenez cette matoise, et lui donnez la main;
Toute la ville en corps reconnaîtra ce zèle,
Et vous épouserez le bien public en elle.
LÉANDRE. Quelle surprise étrange!
MASCARILLE à part.   Il a pris l'hameçon.
Courage! s'il se peut enferrer tout de bon,
Nous nous ôtons du pied une fâcheuse épine.
LÉANDRE. Oui, d'un coup étonnant ce discours m'assassine.
MASCARILLE. Quoi! vous pourriez...
LÉANDRE.   Va-t'en jusqu'à la poste, et vo
Je ne sais quel paquet qui doit venir pour moi.
(Seul, après avoir rêvé.)
Qui ne s'y fût trompé? Jamais l'air d'un visage,
Si ce qu'il dit est vrai, n'imposa davantage.

SCÈNE III.

LÉLIE, LÉANDRE.

LÉLIE. Du chagrin qui vous tient quel peut être l'objet?
LÉANDRE. Moi?
LÉLIE.   Vous-même.
LÉANDRE.   Pourtant je n'en ai point sujet.
LÉLIE. Je vois bien ce que c'est, Célie en est la cause.
LÉANDRE. Mon esprit ne court pas après si peu de chose.
LÉLIE. Pour elle vous aviez pourtant de grands desseins:
Mais il faut dire ainsi, lorsqu'ils se trouvent vains.
LÉANDRE. Si j'étais assez sot pour chérir ses caresses,
Je me moquerais bien de toutes vos finesses.
LÉLIE. Quelles finesses, donc?
LÉANDRE.   Mon Dieu! nous savons tout.
LÉLIE. Quoi?
LÉANDRE.   Votre procédé de l'un à l'autre bout.
LÉLIE. C'est de l'hébreu pour moi, je n'y puis rien comprendre
LÉANDRE. Feignez, si vous voulez, de ne me pas entendre:
Mais, croyez-moi, cessez de craindre pour un bien
Où je serais fâché de vous disputer rien.
J'aime fort la beauté qui n'est point profanée,
Et ne veux point brûler pour une abandonnée.
LÉLIE. Tout beau, tout beau, Léandre!
LÉANDRE.   Ah! que vous êtes fort,
Allez, vous dis-je encor, servez-la sans soupçon,
Vous pourrez vous nommer homme à bonnes fortunes.
Il est vrai, sa beauté n'est pas des plus communes;
Mais en revanche aussi le reste est fort commun.
LÉLIE. Léandre, arrêtez là ce discours importun.
Contre moi tant d'efforts qu'il vous plaira pour elle,
Mais surtout retenez cette atteinte mortelle.

Sachez que je m'impute à trop de lâcheté
D'entendre mal parler de ma divinité,
Et que j'aurai toujours bien moins de répugnance
A souffrir votre amour qu'un discours qui l'offense.
Ce que j'avance ici me vient de bonne part.
Quiconque vous l'a dit est un lâche, un pendard.
On ne peut imposer de tache à cette fille,
Je connais bien son cœur.
       Mais enfin Mascarille
D'un semblable procès est juge compétent;
C'est lui qui la condamne.
      Oui!
        Lui-même.
          Il prétend
D'une fille d'honneur insolemment médire,
Et que peut-être encor je n'en ferai que rire?
Gage qu'il se dédit.
     Et moi, gage que non.
Parbleu! je le ferais mourir sous le bâton,
S'il m'avait soutenu des faussetés pareilles.
Moi, je lui couperais sur-le-champ les oreilles,
S'il n'était pas garant de tout ce qu'il m'a dit.

SCÈNE IV.
LÉLIE, LÉANDRE, MASCARILLE.

Ah! bon, bon, le voilà. Venez çà, chien maudit.
LLE. Quoi?
    Langue de serpent fertile en impostures,
Vous osez sur Célie attacher vos morsures,
Et lui calomnier la plus rare vertu
Qui puisse faire éclat sous un sort abattu?
LLE *bas à Lélie.* Doucement; ce discours est de mon industrie.
Non, non, point de clin d'œil et point de raillerie:
Je suis aveugle à tout, sourd à quoi que ce soit;
Fût-ce mon propre frère, il me la payeroit;
Et sur ce que j'adore oser porter le blâme,
C'est me faire une plaie au plus tendre de l'âme.
Tous ces signes sont vains. Quels discours as-tu faits?
LLE. Mon Dieu! ne cherchons point querelle, ou je m'en vais.
Tu n'échapperas pas.
LLE.   Haï!
       Parle donc, confesse.
ILLE *bas à Lélie.*
Laissez-moi; je vous dis que c'est un tour d'adresse.
Dépêche, qu'as-tu dit? vide entre nous ce point.
ILLE *bas à Lélie.* J'ai dit ce que j'ai dit: ne vous emportez point.
mettant l'épée à la main.
Ah! je vous ferai bien parler d'une autre sorte.
l'arrêtant. Halte un peu; retenez l'ardeur qui vous emporte.
ILLE *à part.* Fut-il jamais au monde un esprit moins sensé?
Laissez-moi contenter mon courage offensé.
C'est trop que de vouloir le battre en ma présence.
Quoi! châtier mes gens n'est pas en ma puissance?
Comment vos gens?
ILLE *à part.*   Encore! Il va tout découvrir.
Quand j'aurais volonté de le battre à mourir,
Hé bien! c'est mon valet.
       C'est maintenant le nôtre.
Le trait est admirable! Et comment donc le vôtre?
E. Sans doute.
ILLE *bas à Lélie.* Doucement.
      Hem, que veux-tu conter?
ILLE *à part.* Ah! le double bourreau, qui me va tout gâter,
Et qui ne comprend rien, quelque signe qu'on donne.
Vous rêvez bien, Léandre, et me la baillez bonne.
Il n'est pas mon valet?
B.   Pour quelque mal commis,
Hors de votre service il n'a pas été mis?
Je ne sais ce que c'est.
BE.   Et, plein de violence,
Vous n'avez pas chargé son dos avec outrance?
Point du tout. Moi, l'avoir chassé, roué de coups!
Vous vous moquez de moi, Léandre, ou lui de vous.
ILLE *à part.* Pousse, pousse, bourreau; tu fais bien tes affaires.
à Mascarille. Donc les coups de bâton ne sont qu'imaginaires!
ILLE. Il ne sait ce qu'il dit; sa mémoire...
E.   Non, non,
Tous ces signes pour toi ne disent rien de bon.
Oui, d'un tour délicat mon esprit te soupçonne;
Mais pour l'invention, va, je te le pardonne.
C'est bien assez pour moi qu'il m'ait désabusé,
De voir par quels motifs tu m'avais imposé,
Et que, m'étant commis à ton zèle hypocrite,
A si bon compte encor je m'en sois trouvé quitte.

Ceci doit s'appeler un *avis au lecteur.*
Adieu, Lélie, adieu; très-humble serviteur.

SCÈNE V.
LÉLIE, MASCARILLE.

MASCARILLE. Courage, mon garçon! tout heur nous accompagne;
Mettons flamberge au vent et bravoure en campagne;
Faisons l'*olibrius*, l'*occiseur d'innocents.*
LÉLIE. Il t'avait accusé de discours médisants
Contre...
MASCARILLE.   Et vous ne pouviez souffrir mon artifice,
Lui laisser son erreur qui vous rendait service,
Et par qui son amour s'en était presque allé?
Non, il a l'esprit franc et point dissimulé.
Enfin chez son rival je m'ancre avec adresse,
Cette fourbe en mes mains va mettre sa maîtresse:
Il me la fait manquer. Avec de faux rapports
Je veux de son rival ralentir les transports:
Mon brave incontinent vient, qui le désabuse.
J'ai beau lui faire signe et montrer que c'est ruse:
Point d'affaire; il poursuit sa pointe jusqu'au bout,
Et n'est point satisfait qu'il n'ait découvert tout.
Grand et sublime effort d'une imaginative
Qui ne le cède point à personne qui vive!
C'est une rare pièce et digne, sur ma foi,
Qu'on en fasse présent au cabinet d'un roi.
LÉLIE. Je ne m'étonne pas si je romps tes attentes;
A moins d'être informé des choses que tu tentes,
J'en ferais encor cent de la sorte.
MASCARILLE.   Tant pis.
LÉLIE. Au moins, pour t'emporter à de justes dépits,
Fais-moi dans tes desseins entrer de quelque chose.
Mais que de leurs ressorts la porte me soit close,
C'est ce qui fait toujours que je suis pris sans vert.
MASCARILLE. Ah! voilà tout le mal. C'est cela qui nous perd.
Ma foi, mon cher patron, je vous le dis encore,
Vous ne serez jamais qu'une pauvre pécore.
LÉLIE. Puisque la chose est faite, il n'y faut plus penser.
Mon rival, en tout cas, ne peut me traverser;
Et pourvu que tes soins, en qui je me repose...
MASCARILLE. Laissons là ce discours, et parlons d'autre chose.
Je ne m'apaise pas, non, si facilement;
Je suis trop en colère. Il faut premièrement
Me rendre un bon office; et nous verrons ensuite
Si je dois de vos feux reprendre la conduite.
LÉLIE. S'il ne tient qu'à cela, je n'y résiste pas.
As-tu besoin, dis-moi, de mon sang, de mon bras?
MASCARILLE. De quelle vision sa cervelle est frappée!
Vous êtes de l'humeur de ces amis d'épée
Que l'on trouve toujours plus prompts à dégaîner
Qu'à tirer un teston, s'il fallait le donner.
LÉLIE. Que puis-je donc pour toi?
MASCARILLE.   C'est que de votre père
Il faut absolument apaiser la colère.
LÉLIE. Nous avons fait la paix.
MASCARILLE.   Oui, mais non pas pour nous.
Je l'ai fait ce matin mort pour l'amour de vous:
La vision le choque; et de pareilles feintes
Aux vieillards comme lui sont de dures atteintes,
Qui, sur l'état prochain de leur condition,
Leur font faire à regret triste réflexion.
Le bonhomme, tout vieux, chérit fort la lumière,
Et ne veut point de jeu dessus cette matière;
Il craint le pronostic, et, contre moi fâché,
On m'a dit qu'en justice il m'avait recherché.
J'ai peur, si le logis du roi fait ma demeure,
De m'y trouver si bien dès le premier quart d'heure,
Que j'aye peine aussi d'en sortir par après.
Contre moi cent longtemps on a force décrets;
Car enfin la vertu n'est jamais sans envie,
Et dans ce maudit siècle est toujours poursuivie.
Allez donc le fléchir.
LÉLIE.   Oui, nous le fléchirons;
Mais aussi tu promets...
MASCARILLE.   Ah! mon Dieu! nous verrons.
    (*Lélie sort.*)
Ma foi, prenons haleine après tant de fatigues.
Cessons pour quelque temps le cours de nos intrigues,
Et de nous tourmenter de même qu'un lutin.
Léandre pour nous nuire est hors de garde enfin,
Et Célie arrêtée avecque l'artifice...

SCÈNE VI.
ERGASTE, MASCARILLE.

ERGASTE. Je te cherchais partout pour te rendre un service,

Pour te donner avis d'un secret important.
MASCARILLE. Quoi donc?
ERGASTE. N'avons-nous point ici quelque écoutant?
MASCARILLE. Non.
ERGASTE. Nous sommes amis autant qu'on le peut être :
Je sais tous tes desseins et l'amour de ton maître;
Songez à vous tantôt. Léandre fait parti
Pour enlever Célie; et je suis averti
Qu'il a mis ordre à tout et qu'il se persuade
D'entrer chez Trufaldin par une mascarade,
Ayant su qu'en ce temps, assez souvent, le soir,
Des femmes du quartier en masque l'allaient voir.
MASCARILLE. Oui? Suffit; il n'est pas au comble de sa joie :
Je pourrai bien tantôt lui souffler cette proie,
Et contre cet assaut je sais un coup fourré
Par qui je veux qu'il soit de lui-même enferré.
Il ne sait pas les dons dont mon âme est pourvue.
Adieu; nous boirons pinte à la première vue.

SCÈNE VII.
MASCARILLE seul.

Il faut, il faut tirer à nous ce que d'heureux
Pourrait avoir en soi ce projet amoureux,
Et, par une surprise adroite et non commune,
Sans courir le danger, en tenter la fortune.
Si je vais me masquer pour devancer ses pas,
Léandre assurément ne nous bravera pas;
Et là, premier que lui, si nous faisons la prise,
Il aura fait pour nous les frais de l'entreprise,
Puisque, par son dessein déjà presque éventé,
Le soupçon tombera toujours de son côté,
Et que nous, à couvert de toutes ses poursuites,
De ce coup hasardeux ne craindrons point de suites.
C'est ne se point commettre à faire de l'éclat,
Et tirer les marrons de la patte du chat.
Allons donc nous masquer avec quelques bons frères;
Pour prévenir nos gens il ne faut tarder guères.
Je sais où gît le lièvre, et me puis sans travail
Fournir en un moment d'hommes et d'attirail.
Croyez que je mets bien mon adresse en usage :
Si j'ai reçu du ciel des fourbes en partage,
Je ne suis point au rang de ces esprits mal nés
Qui cachent les talents que Dieu leur a donnés.

SCÈNE VIII.
LÉLIE, ERGASTE.

LÉLIE. Il prétend l'enlever avec sa mascarade?
ERGASTE. Il n'est rien plus certain. Quelqu'un de sa brigade
M'ayant de ce dessein instruit, sans m'arrêter,
A Mascarille alors j'ai couru tout conter,
Qui s'en va, m'a-t-il dit, rompre cette partie
Par une invention dessus le champ bâtie;
Et, comme je vous ai rencontré par hasard,
J'ai cru que je devais du tout vous faire part.
LÉLIE. Tu m'obliges par trop avec cette nouvelle :
Va, je reconnaîtrai ce service fidèle.

SCÈNE IX.
LÉLIE seul.

Mon drôle, assurément, leur jouera quelque trait.
Mais je veux de ma part seconder son projet :
Il ne sera pas dit qu'en un fait qui me touche
Je ne me sois non plus remué qu'une souche.
Voici l'heure; ils seront surpris à mon aspect.
Foin! que n'ai-je avec moi pris mon porte-respect!
Mais vienne qui voudra contre notre personne,
J'ai deux bons pistolets, et mon épée est bonne.
Holà, quelqu'un; un mot.

SCÈNE X.
TRUFALDIN à sa fenêtre, LÉLIE.

TRUFALDIN. Qu'est-ce? Qui me vient voir?
LÉLIE. Fermez soigneusement votre porte ce soir.
TRUFALDIN. Pourquoi?
LÉLIE. Certaines gens font une mascarade
Pour vous venir donner une fâcheuse aubade;
Ils veulent enlever votre Célie.
TRUFALDIN. O dieux!
LÉLIE. Et sans doute bientôt ils viendront en ces lieux :
Demeurez; vous pourrez voir tout de la fenêtre.
Hé bien! qu'avais-je dit? Les voyez-vous paraître?
Chut! je veux à vos yeux leur en faire l'affront.
Nous allons voir beau jeu, si la corde ne rompt.

SCÈNE XI.
LÉLIE, TRUFALDIN, MASCARILLE et sa suite masqués.

TRUFALDIN. O les plaisants robins qui pensent me surprendre!
LÉLIE. Masques, où courez-vous? Le pourrait-on apprendre?
Trufaldin, ouvrez-leur pour jouer un momon.
(A Mascarille, déguisé en femme.)
Bon Dieu! qu'elle est jolie, et qu'elle a l'air mignon!
Eh quoi! vous murmurez? Mais, sans vous faire outrage,
Peut-on lever le masque et voir votre visage?
TRUFALDIN. Allez, fourbes, méchants; retirez-vous d'ici,
Canaille. Et vous, seigneur, bonsoir, et grand merci.

SCÈNE XII.
LÉLIE, MASCARILLE.

LÉLIE après avoir démasqué Mascarille. Mascarille, est-ce toi?
MASCARILLE. Nenni-da, c'est quelque
LÉLIE. Hélas! quelle surprise! et quel sort est le nôtre!
L'aurais-je deviné, n'étant point averti
Des secrètes raisons qui t'avaient travesti?
Malheureux que je suis d'avoir dessous ce masque
Eté, sans y penser, te faire cette frasque!
Il me prendrait envie, en mon juste courroux,
De me battre moi-même et me donner cent coups.
MASCARILLE. Adieu, sublime esprit, rare imaginative.
LÉLIE. Las! si de ton secours ta colère me prive,
A quel saint me vouerai-je?
MASCARILLE. Au grand diable d'enfer.
LÉLIE. Ah! si ton cœur pour moi n'est de bronze ou de fer,
Qu'encore un coup du moins mon imprudence ait grâce
S'il faut, pour l'obtenir, que tes genoux j'embrasse,
Vois moi...
MASCARILLE. Tarare! Allons, camarades, allons;
J'entends venir des gens qui sont sur nos talons.

SCÈNE XIII.
LÉANDRE et sa suite masqués, TRUFALDIN à sa fenêtre.

LÉANDRE. Sans bruit; ne faisons rien que de la bonne sorte.
TRUFALDIN. Quoi! masques toute nuit assiégeront ma porte!
Messieurs, ne gagnez point de rhumes à plaisir;
Tout cerveau qui le fait est, certes, de loisir.
Il est un peu trop tard pour enlever Célie;
Dispensez-l'en ce soir, elle vous en supplie :
La belle est dans le lit et ne peut vous parler.
J'en suis fâché pour vous : mais, pour vous régaler
Du souci qui pour elle ici vous inquiète,
Elle vous fait présent de cette cassette.
LÉANDRE. Fi! cela sent mauvais, et je suis tout gâté.
Nous sommes découverts; tirons de ce côté.

ACTE QUATRIÈME.

SCÈNE I.
LÉLIE déguisé en Arménien, MASCARILLE.

MASCARILLE. Vous voilà fagoté d'une plaisante sorte!
LÉLIE. Tu ranimes par là mon espérance morte.
MASCARILLE. Toujours de ma colère on me voit revenir;
J'ai beau jurer, pester, je ne m'en puis tenir.
LÉLIE. Aussi crois, si jamais je suis en la puissance,
Que tu seras content de ma reconnaissance,
Et que, quand je n'aurais qu'un seul morceau de pain.
MASCARILLE. Baste; songez à vous dans ce nouveau dessein.
Au moins, si l'on vous voit commettre une sottise,
Vous n'imputerez plus l'erreur à la surprise,
Votre rôle en ce jeu par cœur doit être su.
LÉLIE. Mais comment Trufaldin chez lui t'a-t-il reçu?
MASCARILLE. D'un zèle simulé j'ai bridé le bon sire;
Avec empressement je suis venu lui dire,
S'il ne songeait à lui, que l'on le surprendroit;
Que l'on couchait en joue, et de plus d'un endroit,
Celle dont il a vu qu'une lettre en avance
Avait si faussement divulgué la naissance;
Qu'on avait bien voulu m'y mêler quelque peu,
Mais que j'avais tiré mon épingle du jeu;
Et que, touché d'ardeur pour ce qui le regarde,
Je venais l'avertir de se donner de garde.
De là, moralisant, j'ai fait de grands discours
Sur les fourbes qu'on voit ici-bas tous les jours;
Que pour moi, las! du monde et de sa vie infâme,
Je voulais travailler au salut de mon âme,
A m'éloigner du trouble, et pouvoir longuement
Près de quelque honnête homme être paisiblement;

ACTE IV, SCÈNE III.

Que, s'il le trouvait bon, je n'aurais d'autre envie
Que de passer chez lui le reste de ma vie ;
Et que même à tel point il m'avait su ravir,
Que, sans lui demander gages pour le servir,
Je mettrais en ses mains, que je tenais certaines,
Quelque bien de mon père et le fruit de mes peines,
Dont, avenant que Dieu de ce monde m'ôtât,
J'entendais tout de bon que lui seul héritât.
C'était le vrai moyen d'acquérir sa tendresse.
Et comme, pour résoudre avec votre maîtresse
Des biais qu'on doit prendre à terminer vos vœux,
Je voulais en secret vous aboucher tous deux,
Lui-même a su m'ouvrir une voie assez belle
De pouvoir hautement vous loger avec elle,
Venant m'entretenir d'un fils privé du jour,
Dont cette nuit en songe il a vu le retour :
A ce propos, voici l'histoire qu'il m'a dite,
Et sur quoi j'ai tantôt notre fourbe construite.
C'est assez, je sais tout : tu me l'as dit deux fois.
RILLE. Oui, oui ; mais quand j'aurais passé jusques à trois,
Peut-être encor qu'avec toute sa suffisance
Votre esprit manquera dans quelque circonstance.
Mais à tant différer je me fais de l'effort.
RILLE. Ah ! de peur de tomber, ne courons pas si fort :
Voyez-vous ? vous avez la caboche un peu dure.
Rendez-vous affermi dessus cette aventure.
Autrefois Trufaldin de Naples est sorti,
Et s'appelait alors Zanobio Ruberti.
Un parti qui causa quelque émeute civile,
Dont il fut seulement soupçonné dans sa ville
(De fait, il n'est pas homme à troubler un Etat),
L'obligea d'en sortir une nuit sans éclat.
Une fille fort jeune et sa femme laissées
A quelque temps de là se trouvant trépassées,
Il en eut la nouvelle ; et, dans ce grand ennui,
Voulant dans quelque ville emmener avec lui,
Outre ses biens, l'espoir qui restait de sa race,
Un sien fils écolier, qui se nommait Horace,
Il écrit à Bologne, où, pour mieux être instruit,
Un certain maître Albert jeune l'avait conduit.
Mais pour se joindre tous le rendez-vous qu'il donne
Durant deux ans entiers ne lui fit voir personne :
Si bien que, les jugeant morts après ce temps-là,
Il vint en cette ville, et prit le nom qu'il a,
Sans que de cet Albert ni de ce fils Horace
Douze ans aient découvert jamais la moindre trace.
Voilà l'histoire en gros, redite seulement
Afin de ne vous servir ici de fondement.
Maintenant vous serez un marchand d'Arménie,
Qui les aurez vus sains l'un et l'autre en Turquie.
Si j'ai plus tôt qu'aucun un tel moyen trouvé
Pour les ressusciter sur ce qu'il a rêvé,
C'est qu'en fait d'aventure il est très-ordinaire
De voir gens pris sur mer par quelque Turc corsaire,
Puis être à leur famille à point nommé rendus
Après quinze ou vingt ans qu'on les a crus perdus.
Pour moi, j'ai vu déjà cent contes de la sorte.
Sans nous alambiquer, servons-nous-en ; qu'importe ?
Vous leur aurez ouï leur disgrâce conter,
Et leur aurez fourni de quoi se racheter ;
Mais que, parti plus tôt pour chose nécessaire,
Horace vous chargea de voir ici son père,
Dont il a su le sort, et chez qui vous devez
Attendre quelques jours qu'ils y soient arrivés.
Je vous ai fait tantôt des leçons étendues.
Ces répétitions ne sont que superflues ;
Dès l'abord mon esprit a compris tout le fait.
RILLE. Je m'en vais là-dedans donner le premier trait.
Ecoute, Mascarille ; un seul point me chagrine.
S'il allait de son fils me demander la mine ?
RILLE. Belle difficulté ! Devez-vous pas savoir
Qu'il était fort petit alors qu'il l'a pu voir ;
Et puis, outre cela, le temps et l'esclavage
Pourraient-ils pas avoir changé tout son visage ?
Il est vrai. Mais, dis-moi, s'il connaît qu'il m'a vu,
Que faire ?
RILLE. De mémoire êtes-vous dépourvu ?
Nous avons dit tantôt qu'outre que votre image
N'avait dans son esprit pu faire qu'un passage,
Pour ne vous avoir vu que durant un moment,
Et le poil et l'habit déguisent grandement.
Fort bien. Mais, à propos, cet endroit de Turquie ?
RILLE. Tout, vous dis-je, est égal, Turquie ou Barbarie.
Mais le nom de la ville où j'aurai pu les voir ?
RILLE. Tunis. Il me tiendra, je crois, jusques au soir.

La répétition, dit-il, est inutile,
Et j'ai déjà nommé douze fois cette ville.
LÉLIE. Va, va-t'en commencer ; il ne me faut plus rien.
MASCARILLE. Au moins soyez prudent, et vous conduisez bien :
Ne donnez point ici de l'imaginative.
LÉLIE. Laisse-moi gouverner. Que ton âme est craintive !
MASCARILLE. Horace, dans Bologne écolier ; Trufaldin,
Zanobio Ruberti, dans Naples citadin ;
Le précepteur, Albert...
LÉLIE. Ah ! c'est me faire honte
Que de me tant prêcher ! Suis-je un sot, à ton compte ?
MASCARILLE. Non, pas du tout, mais bien quelque chose approchant.

SCÈNE II.
LÉLIE seul.

Quand il m'est inutile, il fait le chien couchant ;
Mais parce qu'il sent bien le secours qu'il me donne,
Sa familiarité jusque-là s'abandonne.
Je vais être de près éclairé des beaux yeux
Dont la force m'impose un joug si précieux ;
Je m'en vais sans obstacle, avec des traits de flamme,
Peindre à cette beauté les tourments de mon âme ;
Je saurai quel arrêt je dois... Mais les voici.

SCÈNE III.
TRUFALDIN, LÉLIE, MASCARILLE.

TRUFALDIN. Sois béni, juste ciel, de mon sort adouci !
MASCARILLE. C'est à vous de rêver et de faire des songes,
Puisqu'en vous il est faux que songes sont mensonges.
TRUFALDIN à Lélie. Quelle grâce, quels biens vous rendrai-je, seigneur,
Vous que je dois nommer l'ange de mon bonheur ?
LÉLIE. Ce sont soins superflus, et je vous en dispense.
TRUFALDIN à Mascarille. J'ai, je ne sais pas où, vu quelque ressemblance
De cet Arménien.
MASCARILLE. C'est ce que je disais ;
Mais on voit des rapports admirables parfois.
TRUFALDIN. Vous avez vu ce fils où mon espoir se fonde ?
LÉLIE. Oui, seigneur Trufaldin, le plus gaillard du monde.
TRUFALDIN. Il vous a dit sa vie et parlé fort de moi ?
LÉLIE. Plus de dix mille fois.
MASCARILLE. Quelque peu moins, je croi.
LÉLIE. Il vous a dépeint tel que je vous vois paraître,
Le visage, le port...
TRUFALDIN. Cela pourrait-il être,
Si lorsqu'il m'a pu voir il n'avait que sept ans,
Et si son précepteur même, depuis ce temps,
Aurait peine à pouvoir connaître mon visage ?
MASCARILLE. Le sang bien autrement conserve cette image ;
Par des traits si profonds ce portrait est tracé,
Que mon père...
TRUFALDIN. Suffit. Où l'avez-vous laissé ?
LÉLIE. En Turquie, à Turin.
TRUFALDIN. Turin ? Mais cette ville
Est, je pense, en Piémont.
MASCARILLE à part. O cerveau malhabile !
(A Trufaldin.)
Vous ne l'entendez pas, il veut dire Tunis ;
Et c'est en effet là qu'il laissa votre fils :
Mais les Arméniens ont tous par habitude
Certain vice de langue à nous autres fort rude ;
C'est que dans tous les mots ils changent nis en rin.
Et pour dire Tunis ils prononcent Turin.
TRUFALDIN. Il fallait pour l'entendre avoir cette lumière.
Quel moyen vous dit-il de rencontrer son père ?
(A part.) (A Trufaldin après s'être escrimé.)
MASCARILLE. Voyez s'il répondra ! Je repassais un peu
Quelque leçon d'escrime : autrefois en ce jeu
Il n'était point d'adresse à mon adresse égale,
Et j'ai battu le fer en mainte et mainte salle.
TRUFALDIN à Mascarille. Ce n'est pas maintenant ce que je veux savoir.
(A Lélie.)
Quel autre nom dit-il que je devais avoir ?
MASCARILLE. Ah ! seigneur Zanobio Ruberti, quelle joie
Est celle maintenant que le ciel vous envoie !
LÉLIE. C'est là votre vrai nom, et l'autre est emprunté.
TRUFALDIN. Mais où vit-il qu'il dit qu'il reçut la clarté ?
MASCARILLE. Naples est un séjour qui paraît agréable,
Mais pour vous ce doit être un lieu fort haïssable.
TRUFALDIN. Ne peux-tu sans parler souffrir notre discours ?
LÉLIE. Dans Naples son destin a commencé son cours.
TRUFALDIN. Où l'envoyai-je jeune, et sous quelle conduite ?
MASCARILLE. Le pauvre maître Albert a beaucoup de mérite
D'avoir depuis Bologne accompagné ce fils
Qu'à sa discrétion vos soins avaient commis !
TRUFALDIN. Ah !

MASCARILLE à part. Nous sommes perdus si cet entretien dure.
TRUFALDIN. Je voudrais bien savoir de vous leur aventure,
Sur quel vaisseau le sort qui m'a su travailler...
MASCARILLE. Je ne sais ce que c'est, je ne fais que bâiller.
Mais, seigneur Trufaldin, songez-vous que peut-être
Ce monsieur l'étranger a besoin de repaître,
Et qu'il est tard aussi?
LÉLIE.   Pour moi point de repas.
MASCARILLE. Ah! vous avez plus faim que vous ne pensez pas.
TRUFALDIN. Entrez donc.
LÉLIE.   Après vous.
MASCARILLE à Trufaldin.   Monsieur, en Arménie
Les maîtres du logis sont sans cérémonie.
(A Lélie après que Trufaldin est entré dans sa maison.)
Pauvre esprit! pas deux mots!
LÉLIE.   D'abord il m'a surpris :
Mais n'appréhende plus, je reprends mes esprits,
Et m'en vais débiter avecque hardiesse...
MASCARILLE. Voici notre rival, qui ne sait pas la pièce.
(Ils entrent dans la maison de Trufaldin.)

SCÈNE IV.
ANSELME, LÉANDRE.

ANSELME. Arrêtez-vous, Léandre, et souffrez un discours
Qui cherche le repos et l'honneur de vos jours.
Je ne vous parle point en père de ma fille,
En homme intéressé pour ma propre famille,
Mais comme votre père, ému pour votre bien,
Sans vouloir vous flatter et vous déguiser rien;
Bref, comme je voudrais d'une âme franche et pure
Que l'on fît à mon sang en pareille aventure.
Savez-vous de quel œil chacun voit cet amour
Qui dedans une nuit vient d'éclater au jour?
A combien de discours et de traits de risée
Votre entreprise d'hier est partout exposée?
Quel jugement on fait du choix capricieux
Qui pour femme, dit-on, vous désigne en ces lieux
Un rebut de l'Egypte, une fille coureuse,
De qui le noble emploi n'est qu'un métier de gueuse?
J'en ai rougi pour vous encor plus que pour moi,
Qui me trouve compris dans l'éclat que je voi;
Moi, dis-je, dont la fille, à vos ardeurs promise,
Ne peut sans quelque affront souffrir qu'on la méprise.
Ah! Léandre, sortez de cet abaissement;
Ouvrez un peu les yeux sur votre aveuglement.
Si notre esprit n'est pas sage à toutes les heures,
Les plus courtes erreurs sont toujours les meilleures.
Quand on ne prend en dot que la seule beauté,
Le remords est bien près de la solennité,
Et la plus belle femme a très-peu de défense
Contre cette tiédeur qui suit la jouissance.
Je vous le dis encor, ces bouillants mouvements,
Ces ardeurs de jeunesse et ces emportements
Nous font trouver d'abord quelques nuits agréables.
Mais ces félicités ne sont guère durables,
Et notre passion, ralentissant son cours,
Après ces bonnes nuits, donne de mauvais jours :
De là viennent les soins, les soucis, les misères,
Les fils déshérités par le courroux des pères.
LÉANDRE. Dans tout votre discours je n'ai rien écouté
Que mon esprit déjà ne m'ait représenté.
Je sais combien je dois à cet honneur insigne
Que vous me voulez faire, et dont je suis indigne;
Et vois, malgré l'effort dont je suis combattu,
Ce que vaut votre fille et quelle est sa vertu :
Aussi veux-je tâcher...
ANSELME.   On ouvre cette porte :
Retirons-nous plus loin, de crainte qu'il n'en sorte
Quelque secret poison dont vous seriez surpris.

SCÈNE V.
LÉLIE, MASCARILLE.

MASCARILLE. Bientôt de notre fourbe on verra le débris
Si vous continuez des sottises si grandes.
LÉLIE. Dois-je éternellement ouïr tes réprimandes?
De quoi te peux-tu plaindre? Ai-je pas réussi
En tout ce que j'ai dit depuis?
MASCARILLE.   Couci-couci :
Témoins les Turcs par vous appelés hérétiques,
Et que vous assurez par serments authentiques
Adorer pour leurs dieux la lune et le soleil.
Passe. Ce qui me donne un dépit nonpareil,
C'est qu'ici votre amour étrangement s'oublie,
Près de Célie, il est ainsi que la bouillie,
Qui par un trop grand feu s'enfle, croît jusqu'aux bord
Et de tous les côtés se répand au dehors.
LÉLIE. Pourrait-on se forcer à plus de retenue?
Je ne l'ai presque point encore entretenue.
MASCARILLE. Oui : mais ce n'est pas tout que de ne parler pas;
Par vos gestes, durant un moment de repas,
Vous avez aux soupçons donné plus de matière
Que d'autres ne feraient dans une année entière.
LÉLIE. Et comment donc?
MASCARILLE.   Comment? Chacun a pu le voir.
A table où Trufaldin l'oblige de se seoir.
Vous n'avez point fait qu'avoir les yeux sur elle,
Rouge, tout interdit, jouant de la prunelle,
Sans prendre jamais garde à ce qu'on vous servait;
Vous n'aviez point de soif qu'alors qu'elle buvait;
Et dans ses propres mains vous saisissant du verre,
Sans le vouloir rincer, sans rien jeter à terre,
Vous buviez sur son reste, et montriez d'affecter
Le côté qu'à sa bouche elle avait su porter;
Sur les morceaux touchés de sa main délicate,
Ou mordus de ses dents, vous étendiez la patte
Plus brusquement qu'un chat dessus une souris,
Et les avaliez tout ainsi que des pois gris.
Puis, outre tout cela, vous faisiez sous la table
Un bruit, un trique-trac de pieds insupportable,
Dont Trufaldin, heurté de deux coups trop pressants,
A puni par deux fois deux chiens très-innocents,
Qui, s'ils eussent osé, vous eussent fait querelle.
Et puis après cela votre conduite est belle?
Pour moi, j'en ai souffert la gêne sur mon corps.
Malgré le froid, je sue encor de mes efforts.
Attaché dessus vous comme un joueur de boule
Après le mouvement de la sienne qui roule,
Je pensais retenir toutes vos actions,
En faisant de mon corps mille contorsions.
LÉLIE. Mon Dieu! qu'il t'est aisé de condamner des choses
Dont tu ne ressens pas les agréables causes!
Je veux bien néanmoins, pour te plaire une fois,
Faire force à l'amour qui m'impose des lois.
Désormais...

SCÈNE VI.
TRUFALDIN, LÉLIE, MASCARILLE.

MASCARILLE.   Nous parlions des fortunes d'Horace.
TRUFALDIN. C'est bien fait. (A Lélie.) Cependant me ferez-vous la
Que je puisse lui dire un seul mot en secret?
LÉLIE. Il faudrait autrement être fort indiscret.
(Lélie entre dans la maison de Trufaldin.)

SCÈNE VII.
TRUFALDIN, MASCARILLE.

TRUFALDIN. Écoute : sais-tu bien ce que je viens de faire?
MASCARILLE. Non; mais, si vous voulez, je ne tarderai guère,
Sans doute, à le savoir.
TRUFALDIN.   D'un chêne grand et fort,
Dont près de deux cents ans ont déjà fait le sort,
Je viens de détacher une branche admirable,
Choisie expressément de grosseur raisonnable,
Dont j'ai fait sur-le-champ, avec beaucoup d'ardeur,
(Il montre son bras.)
Un bâton à peu près... oui, de cette grandeur,
Moins gros par l'un des bouts, mais, plus que trente g
Propre, comme je pense, à rosser les épaules;
Car il est bien en main, vert, noueux et massif.
MASCARILLE. Mais pour qui, je vous prie, un tel préparatif?
TRUFALDIN. Pour toi premièrement; puis pour ce bon apôtre
Qui veut m'en donner d'une et m'en jouer d'une autre
Pour cet Arménien, ce marchand déguisé,
Introduit sous l'appât d'un conte supposé.
MASCARILLE. Quoi! vous ne croyez pas...
TRUFALDIN.   Ne cherche point d'exc
Lui-même heureusement a découvert sa ruse,
En disant à Célie, en lui serrant la main,
Que pour elle il venait sous ce prétexte vain;
Il n'a pas aperçu Jeannette, ma fillole,
Laquelle a tout ouï, parole pour parole :
Et je ne doute point, quoiqu'il n'en ait rien dit,
Que tu ne sois de tout le complice maudit.
MASCARILLE. Ah! vous me faites tort! S'il faut qu'on vous affront
Croyez qu'il m'a trompé le premier à ce conte.
TRUFALDIN. Veux-tu me faire voir que tu dis vérité?
Qu'à le chasser mon bras soit du tien assisté;
Donnons-en à la fourbe et du long et du large,
Et de tout crime après mon esprit te décharge.

ARILLE. Oui-da, très-volontiers ; je l'éposterai bien,
Et par là vous verrez que je n'y trempe en rien.
    (A part.)
Ah! vous serez rossé, monsieur de l'Arménie,
Qui toujours gâtez tout!

SCÈNE VIII.
LÉLIE, TRUFALDIN, MASCARILLE.

ALDIN à Lélie, après avoir heurté à sa porte. Un mot, je vous supplie.
Donc, monsieur l'imposteur, vous osez aujourd'hui
Duper un honnête homme et vous jouer de lui?
ARILLE. Feindre avoir vu son fils en une autre contrée,
Pour vous donner chez lui plus librement entrée!
ALDIN bat Lélie. Vidons, vidons sur l'heure.
. à Mascarille, qui le bat aussi.   Ah! coquin!
ARILLE.   C'est ainsi
Que les fourbes...
.   Bourreau!
.   sont ajustés ici.
ARILLE. Gardez-moi bien cela.
.   Quoi donc! je serais homme...
ARILLE le battant toujours et le chassant.
Tirez, tirez, vous dis-je, ou bien je vous assomme.
ALDIN. Voilà qui me plaît fort; rentre, je suis content.
  (Mascarille suit Trufaldin qui rentre dans sa maison.)
. revenant. A moi par un valet cet affront éclatant !
L'aurait-on pu prévoir l'action de ce traître
Qui vient insolemment de maltraiter son maître?
ARILLE à la fenêtre de Trufaldin.
Peut-on vous demander comment va votre dos?
. Quoi! tu m'oses encor tenir un tel propos !
ARILLE. Voilà, voilà que c'est de ne voir pas Jeannette,
Et d'avoir en tout temps une langue indiscrète.
Mais pour cette fois-ci je n'ai point de courroux,
Je cesse d'éclater, de pester contre vous ;
Quoique de l'action l'imprudence soit haute,
Ma main sur votre échine a lavé votre faute.
. Ah! je me vengerai de ce trait déloyal.
ARILLE. Vous vous êtes causé vous-même tout le mal.
. Moi?
ARILLE. Si vous n'étiez pas une cervelle folle,
Quand vous avez parlé naguère à votre idole,
Vous auriez aperçu Jeannette sur vos pas,
Dont l'oreille subtile a découvert le cas.
. On aurait pu surprendre un mot dit à Célie?
ARILLE. Et d'où doncques viendrait cette prompte sortie?
Oui, vous m'êtes dehors que par votre caquet.
Je ne sais si souvent vous jouez au piquet ;
Mais au moins faites-vous des écarts admirables.
. O le plus malheureux de tous les misérables!
Mais encore, pourquoi me voir chassé par toi?
ARILLE. Je ne fis jamais mieux que d'en prendre l'emploi ;
Par là, j'empêche au moins que de cet artifice
Je ne sois soupçonné d'être auteur ou complice.
. Tu devais donc pour toi frapper plus doucement.
ARILLE. Quelque sot. Trufaldin lorgnait exactement :
Et puis, je vous dirai, sous ce prétexte utile
Je n'étais point fâché d'évaporer ma bile.
Enfin, la chose est faite; et, si j'ai votre foi
Qu'on ne vous verra point vouloir venger sur moi,
Soit ou directement, ou par quelque autre voie,
Les coups sur votre râble assénés avec joie,
Je vous promets, aidé par le poste où je suis,
De contenter vos vœux avant qu'il soit deux nuits.
. Quoique ton traitement ait un peu de rudesse,
Qu'est-ce que dessus moi ne peut cette promesse?
ARILLE. Vous le promettez donc?
.   Oui, je te le promets.
ARILLE. Ce n'est pas encor tout : promettez que jamais
Vous ne vous mêlerez dans quoi que j'entreprenne.
. Soit.
ARILLE. Si vous y manquez, votre fièvre quartaine...
. Mais tiens-moi donc parole, et songe à mon repos.
ARILLE. Allez quitter l'habit, et graisser votre dos.
. seul. Faut-il que le malheur qui me suit à la trace
Me fasse voir toujours disgrâce sur disgrâce!
ARILLE sortant de chez Trufaldin.
Quoi! vous n'êtes pas loin! sortez vite d'ici ;
Mais, surtout, gardez-vous de prendre aucun souci.
Puisque je suis pour vous, que cela vous suffise :
N'aidez point mon projet de la moindre entreprise ;
Demeurez en repos.
en sortant.   Oui, va, je m'y tiendrai.
ARILLE seul. Il faut voir maintenant quel biais je prendrai.

SCENE IX.
ERGASTE, MASCARILLE.

ERGASTE. Mascarille, je viens te dire une nouvelle
Qui donne à tes desseins une atteinte cruelle.
A l'heure que je parle, un jeune Egyptien,
Qui n'est pas noir pourtant, et sent assez son bien,
Arrive accompagné d'une vieille fort hâve,
Et vient chez Trufaldin racheter cette esclave
Que vous vouliez : pour elle il paraît fort zélé.
MASCARILLE. Sans doute c'est l'amant dont Célie a parlé.
Fut-il jamais destin plus brouillé que le nôtre !
Sortant d'un embarras, nous errons dans un autre.
En vain nous apprenons que Léandre est au point
De quitter la partie, et ne nous troubler point;
Que son père, arrivé contre toute espérance,
Du côté d'Hippolyte emporte la balance,
Qu'il a tout fait changer par son autorité,
Et va dès aujourd'hui conclure le traité :
Lorsqu'un rival s'éloigne, un autre plus funeste
S'en vient nous enlever tout l'espoir qui nous reste !
Toutefois par un trait merveilleux de mon art,
Je crois que je pourrai retarder leur départ,
Et me donner le temps qui sera nécessaire
Pour tâcher de finir cette fameuse affaire.
Il s'est fait un grand vol : par qui? l'on n'en sait rien.
Eux autres rarement passent pour gens de bien;
Je veux adroitement, sur un soupçon frivole,
Faire pour quelques jours emprisonner ce drôle.
Je sais des officiers de justice altérés,
Qui sont pour de tels coups de vrais délibérés :
Dessus l'avide espoir de quelque paraguante,
Il n'est rien que leur art aveuglement ne tente;
Et du plus innocent, toujours à leur profit,
La bourse est criminelle, et paye son délit.

ACTE CINQUIÈME.
SCÈNE I.
MASCARILLE, ERGASTE.

MASCARILLE. Ah chien! ah double chien! mâtine de cervelle,
Ta persécution sera-t-elle éternelle?
ERGASTE. Par les soins vigilants de l'exempt Balafré,
Ton affaire allait bien, le drôle était coffré,
Si ton maître au moment ne fût venu lui-même,
En vrai désespéré, rompre ton stratagème :
Je ne saurais souffrir, a-t-il dit hautement,
Qu'un honnête homme soit traîné honteusement;
J'en réponds sur sa mine, et je le cautionne.
Et, comme on résistait à lâcher sa personne,
D'abord il a chargé si bien sur les recors,
Qui sont gens d'ordinaire à craindre pour leur corps,
Qu'à l'heure que je parle ils sont encore en fuite,
Et pensent tous avoir un Lélie à leur suite.
MASCARILLE. Le traître ne sait pas que cet Egyptien
Est déjà là-dedans pour lui ravir son bien.
ERGASTE. Adieu. Certaine affaire à te quitter m'oblige.

SCÈNE II.
MASCARILLE seul.

Oui, je suis stupéfait de ce dernier prodige.
On dirait, et pour moi j'en suis persuadé,
Que ce démon brouillon dont il est possédé
Se plaise à me braver, et me l'aille conduire
Partout où sa présence est capable de nuire.
Pourtant je veux poursuivre, et, malgré tous ses coups,
Voir qui l'emportera de ce diable ou de nous.
Célie est quelque peu de notre intelligence,
Et ne voit son départ qu'avecque répugnance.
Je tâche à profiter de cette occasion.
Mais ils viennent, songeons à l'exécution.
Cette maison meublée est en ma bienséance,
Je puis en disposer avec grande licence :
Si le sort nous en dit, tout sera bien réglé;
Nul que moi ne s'y tient, et j'en garde la clé.
O Dieu! qu'en peu de temps on a vu d'aventures,
Et qu'un fourbe est contraint de prendre de figures !

SCÈNE III.
CÉLIE, ANDRÈS.

ANDRÈS. Vous le savez, Célie, il ne tient rien que mon cœur
N'ait fait pour vous prouver l'excès de son ardeur.

Chez les Vénitiens, dès un assez jeune âge,
La guerre en quelque estime avait mis mon courage,
Et j'y pouvais un jour, sans trop croire de moi,
Prétendre, en les servant, un honorable emploi ;
Lorsqu'on me vit pour vous oublier toute chose,
Et que le prompt effet d'une métamorphose
Qui suivit de mon cœur le soudain changement
Parmi vos compagnons sut ranger votre amant ;
Sans que mille accidents, ni votre indifférence,
Aient pu me détacher de ma persévérance.
Depuis, par un hasard, d'avec vous séparé
Pour beaucoup plus de temps que je n'eusse auguré,
Je n'ai, pour vous rejoindre, épargné temps ni peine :
Enfin ayant trouvé la vieille Egyptienne,
Et plein d'impatience apprenant votre sort,
Que, pour certain argent qui leur importait fort,
Et qui de tous vos gens détourna le naufrage,
Vous aviez en ces lieux été mise en otage,
J'accours vite y briser ces chaînes d'intérêt,
Et recevoir de vous les ordres qu'il vous plaît.
Cependant on vous voit une morne tristesse
Alors que dans vos yeux doit briller l'allégresse.
Si pour vous la retraite avait quelques appas,
Venise, du butin fait parmi les combats,
Me garde pour tous deux de quoi pouvoir y vivre :
Que si, comme devant, il vous faut encor suivre,
J'y consens, et mon cœur n'ambitionnera
Que d'être auprès de vous tout ce qu'il vous plaira.

CÉLIE. Votre zèle pour moi visiblement éclate ;
Pour en paraître triste il faudrait être ingrate :
Et mon visage aussi, par son émotion,
N'explique point mon cœur en cette occasion ;
Une douleur de tête y peint sa violence :
Et, si j'avais sur vous quelque peu de puissance,
Votre voyage, au moins pour trois ou quatre jours,
Attendrait que ce mal eût pris un autre cours.

ANDRÈS. Autant que vous voudrez faites qu'il se diffère :
Toutes mes volontés ne butent qu'à vous plaire.
Cherchons une maison à vous mettre en repos.
L'écriteau que voici s'offre tout à propos.

SCÈNE IV.
CÉLIE, ANDRÈS, MASCARILLE *déguisé en Suisse*.

ANDRÈS. Seigneur Suisse, êtes-vous de ce logis le maître ?
MASCARILLE. Moi pour serfir à fous.
ANDRÈS. Pourrions-nous y bien être ?
MASCARILLE. Oui ; moi pour d'étrancher chappons champre garni.
Mais che non point locher te gente méchant vi.
ANDRÈS. Je crois votre maison franche de tout ombrage.
MASCARILLE. Fous nouveau dans sti fil, moi foir à la fissage.
ANDRÈS. Oui.
MASCARILLE. La matame est-il mariage al monsieur ?
ANDRÈS. Quoi ?
MASCARILLE. S'il être son fame, ou s'il être son sœur ?
ANDRÈS. Non.
MASCARILLE. Mon foi, pien choh. Fenir pour marchandice
Ou pien pour temanter à la palais choustice ?
La procès il faut rien, il coûter tant t'archant !
La procurer larron, l'afocat bien méchant.
ANDRÈS. Ce n'est pas pour cela.
MASCARILLE. Fous tonc mener sti file
Pour fenir pourmener et recarter la file ?
(*A Célie.*)
ANDRÈS. Il n'importe. Je suis à vous dans un moment.
Je vais faire venir la vieille promptement,
Contremander aussi notre voiture prête.
MASCARILLE. Li ne porte pas pien.
ANDRÈS. Elle a mal à la tête.
MASCARILLE. Moi chavoir de pon fin, et de fromache pon.
Entre fous, entre fous dans mon petit maison.
(*Célie, Andrès et Mascarille entrent dans la maison.*)

SCÈNE V.
LÉLIE *seul*.

Quel que soit le transport d'une âme impatiente,
Ma parole m'engage à rester en attente,
A laisser faire un autre, et voir, sans rien oser,
Comme de mes destins le ciel veut disposer.

SCENE VI.
ANDRÈS, LÉLIE.

LÉLIE *à Andrès qui sort de la maison*.
Demandiez-vous quelqu'un dedans cette demeure ?
ANDRÈS. C'est un logis garni que j'ai pris tout à l'heure.
LÉLIE. A mon père pourtant la maison appartient ;

Et mon valet, la nuit, pour la garder s'y tient.
ANDRÈS. Je ne sais : l'écriteau marque au moins qu'on la loue.
Lisez.
LÉLIE. Certes, ceci me surprend, je l'avoue.
Qui diantre l'aurait mis ? et par quel intérêt... ?
Ah ! ma foi, je devine à peu près ce que c'est :
Cela ne peut venir que de ce que j'augure.
ANDRÈS. Peut-on vous demander quelle est cette aventure ?
LÉLIE. Je voudrais à tout autre en faire un grand secret ;
Mais pour vous il n'importe, et vous serez discret.
Sans doute l'écriteau que vous voyez paraître,
Comme je conjecture au moins, ne saurait être
Que quelque invention du valet que je di,
Que quelque nœud subtil qu'il doit avoir ourdi
Pour mettre en mon pouvoir certaine Egyptienne
Dont j'ai l'âme piquée, et qu'il faut que j'obtienne.
Je l'ai déjà manquée, et même plusieurs coups.
ANDRÈS. Vous l'appelez ?
LÉLIE. Célie.
ANDRÈS. Hé ! que ne disiez-vous ?
Vous n'aviez qu'à parler, je vous aurais sans doute
Epargné tous les soins que ce projet vous coûte.
LÉLIE. Quoi ! vous la connaissez ?
ANDRÈS. C'est moi qui maintenant
Viens de la racheter.
LÉLIE. O discours surprenant !
ANDRÈS. Sa santé de partir ne nous pouvant permettre,
Au logis que voilà je venais de la mettre ;
Et je suis très-ravi, dans cette occasion,
Que vous m'ayez instruit de votre intention.
LÉLIE. Quoi ! j'obtiendrais de vous le bonheur que j'espère ?
Vous pourriez...
ANDRÈS *allant frapper à la porte*. Tout à l'heure on va vous satisfa
LÉLIE. Que pourrai-je vous dire ? et quel remerciment...
ANDRÈS. Non, ne m'en faites point, je n'en veux nullement.

SCÈNE VII.
LÉLIE, ANDRÈS, MASCARILLE.

MASCARILLE *à part*. Hé bien ! ne voilà pas mon enragé de maître !
Il nous va faire encor quelque nouveau bicêtre.
LÉLIE. Sous ce grotesque habit qui l'aurait reconnu ?
Approche, Mascarille, et sois le bienvenu.
MASCARILLE. Moi souisse ein chant t'honneur, moi non point maquer
Chai point fentre chamais le fame ni le fille.
LÉLIE. Le plaisant baragouin ! Il est bon, sur ma foi !
MASCARILLE. Allez fous pourmener, sans toi rire te moi.
LÉLIE. Va, va, lève le masque, et reconnais ton maître.
MASCARILLE. Partieu, tiable, mon foi, chamais toi chai connaître.
LÉLIE. Tout est accommodé, ne te déguise point.
MASCARILLE. Si toi point en aller, chai paille ein cou te poing.
LÉLIE. Ton jargon allemand est superflu, te dis-je ;
Car nous sommes d'accord, et sa bonté m'oblige.
J'ai tout ce que mes vœux lui peuvent demander,
Et tu n'as pas sujet de rien appréhender.
MASCARILLE. Si vous êtes d'accord par un bonheur extrême,
Je me dessuisse donc et redeviens moi-même.
ANDRÈS. Ce valet vous servait avec beaucoup de feu.
Mais je reviens à vous, demeurez quelque peu.

SCÈNE VIII.
LÉLIE, MASCARILLE.

LÉLIE. Hé bien ! que diras-tu ?
MASCARILLE. Que j'ai l'âme ravie
De voir d'un beau succès notre peine suivie.
LÉLIE. Tu feignais à sortir de ton déguisement,
Et ne pouvais me croire en cet événement.
MASCARILLE. Comme je vous connais, j'étais dans l'épouvante,
Et trouve l'aventure aussi fort surprenante.
LÉLIE. Mais confesse qu'enfin c'est avoir fait beaucoup.
Au moins j'ai réparé mes fautes à ce coup,
Et j'aurai cet honneur d'avoir fini l'ouvrage.
MASCARILLE. Soit ; vous aurez été bien plus heureux que sage.

SCÈNE IX.
CÉLIE, ANDRÈS, LÉLIE, MASCARILLE.

ANDRÈS. N'est-ce pas là l'objet dont vous m'avez parlé ?
LÉLIE. Ah ! quel bonheur au mien pourrait être égalé !
ANDRÈS. Il est vrai, d'un bienfait je vous suis redevable ;
Si je ne le reconnais condamnable :
Mais enfin ce bienfait aurait trop de rigueur
S'il fallait le payer aux dépens de mon cœur.
Jugez, dans le transport où sa beauté me jette,
Si je dois à ce prix vous acquitter ma dette ;
Vous êtes généreux, vous ne le voudriez pas.
Adieu pour quelques jours : retournons sur nos pas.

SCÈNE X.
LÉLIE, MASCARILLE.

LÉLIE après avoir chanté.
Je chante, et toutefois je n'en ai guère envie.
Vous voilà bien d'accord, il vous donne Célie;
Hem, vous m'entendez bien.
                C'est trop, je ne veux plus
Te demander pour moi des secours superflus.
Je suis un chien, un traître, un bourreau détestable,
Indigne d'aucun soin, de rien faire incapable.
Va, cesse tes efforts pour un malencontreux
Qui ne saurait souffrir que l'on le rende heureux.
Après tant de malheurs, après mon imprudence,
Le trépas me doit seul prêter son assistance.

SCÈNE XI.
MASCARILLE seul.

Voilà le vrai moyen d'achever son destin;
Il ne lui manque plus que de mourir enfin
Pour le couronnement de toutes ses sottises.
Mais en vain son dépit pour ses fautes commises
Lui fait licencier mes soins et mon appui;
Je veux, quoi qu'il en soit, le servir malgré lui,
Et dessus son lutin obtenir la victoire.
Plus l'obstacle est puissant, plus on reçoit de gloire;
Et les difficultés dont on est combattu
Sont les dames d'atour qui parent la vertu.

SCÈNE XII.
CÉLIE, MASCARILLE.

Mascarille qui lui a parlé bas.
Quoi que tu veuilles dire, et que l'on se propose,
De ce retardement j'attends fort peu de chose.
Ce qu'on voit de succès peut bien persuader
Qu'ils ne sont pas encor fort près de s'accorder :
Et je t'ai déjà dit qu'un cœur comme le nôtre
Ne voudrait pas pour l'un faire injustice à l'autre;
Et que très-fortement par de différents nœuds
Je me trouve attachée au parti de tous deux.
Si Lélie a pour lui l'amour et sa puissance,
Andrès pour son partage a la reconnaissance,
Qui ne souffrira point que mes pensers secrets
Consultent jamais rien contre ses intérêts.
Oui, s'il ne peut avoir plus de place en mon âme,
Si le don de mon cœur ne couronne sa flamme,
Au moins dois-je le prix à ce qu'il fait pour moi
De n'en choisir point d'autre au mépris de sa foi,
Et de faire à mes vœux autant de violence
Que j'en fais aux désirs qu'il met en évidence.
Sur ces difficultés qu'oppose mon devoir,
Juge ce qu tu peux te permettre d'espoir.
LE. Ce sont, à dire vrai, de très-fâcheux obstacles;
Et je ne sais point l'art de faire des miracles :
Mais je vais employer mes efforts plus puissants,
Remuer terre et ciel, m'y prendre de tous sens,
Pour tâcher de trouver un biais salutaire,
Et vous dirai bientôt ce qui se pourra faire.

SCÈNE XIII.
HIPPOLYTE, CÉLIE.

H. Depuis votre séjour, les dames de ces lieux
Se plaignent justement des larcins de vos yeux,
Si vous leur dérobez leurs conquêtes plus belles,
Et de tous leurs amants faites des infidèles :
Il n'est guère de cœurs qui puissent échapper
Aux traits dont à l'abord vous savez les frapper;
Et mille libertés à vos chaînes offertes
Semblent vous enrichir chaque jour de nos pertes.
Quant à moi toutefois je ne me plaindrais pas
Du pouvoir absolu de vos rares appas,
Si, lorsque mes amants sont devenus les vôtres,
Un seul m'eût consolé de la perte des autres :
Mais qu'inhumainement vous me les ôtiez tous,
C'est un dur procédé dont je me plains à vous.
Voilà d'un air galant faire une raillerie :
Mais épargnez un peu celle qui vous en prie.
Vos yeux, vos propres yeux se connaissent trop bien
Pour pouvoir de ma part redouter jamais rien;
Ils sont fort assurés du pouvoir de leurs charmes,
Et ne prendront jamais de pareilles alarmes.
H. Pourtant en ce discours je n'ai rien avancé
Qui dans tous les esprits ne soit déjà passé;
Et, sans parler du reste, on sait bien que Célie
A causé des désirs à Léandre et Lélie.
CÉLIE. Je crois qu'étant tombés dans cet aveuglement
Vous vous consoleriez de leur perte aisément,
Et trouveriez pour vous l'amant peu souhaitable
Qui d'un si mauvais choix se trouverait capable.
HIPPOLYTE. Au contraire, j'agis d'un air tout différent,
Et trouve en vos beautés un mérite si grand,
J'y vois tant de raisons capables de défendre
L'inconstance de ceux qui s'en laissent surprendre,
Que je ne puis blâmer la nouveauté des feux
Dont envers moi Léandre a parjuré ses vœux,
Et le vais voir tantôt, sans haine et sans colère,
Ramené sous mes lois par le pouvoir d'un père.

SCÈNE XIV.
CÉLIE, HIPPOLYTE, MASCARILLE.

MASCARILLE. Grande, grande nouvelle, et succès surprenant
Que ma bouche vous vient annoncer maintenant!
CÉLIE. Qu'est-ce donc?
MASCARILLE.   Écoutez, voici sans flatterie...
CÉLIE. Quoi?
MASCARILLE.   La fin d'une vraie et pure comédie.
La vieille Égyptienne à l'heure même...
CÉLIE.   Hé bien?
MASCARILLE. Passait dedans la place et ne songeait à rien,
Alors qu'une autre vieille assez défigurée,
L'ayant de près au nez longtemps considérée,
Par un bruit enroué de mots injurieux
A donné le signal d'un combat furieux,
Qui pour armes pourtant, mousquets, dagues, ou flèches,
Ne faisait voir en l'air que quatre griffes sèches,
Dont ces deux combattants s'efforçaient d'arracher
Ce peu que sur leurs os les ans laissent de chair.
On n'entend que ces mots : Chienne, louve, bagasse!
D'abord leurs escoffions ont volé par la place,
Et, laissant voir à nu deux têtes sans cheveux,
Ont rendu le combat risiblement affreux.
Andrès et Trufaldin, à l'éclat du murmure,
Ainsi que force monde, accourus d'aventure,
Ont à les décharpir eu de la peine assez,
Tant leurs esprits étaient par la fureur poussés.
Cependant que chacune, après cette tempête,
Songe à cacher aux yeux la honte de sa tête,
Et que l'on veut savoir qui causait cette humeur;
Celle qui la première avait fait la rumeur,
Malgré la passion dont elle était émue,
Ayant sur Trufaldin tenu longtemps la vue :
C'est vous, si quelque erreur n'abuse ici mes yeux,
Qu'on m'a dit qui vivez inconnu dans ces lieux,
A-t-elle dit tout haut. O rencontre opportune !
Oui, seigneur Zanobio Ruberti, la fortune
Me fait vous reconnaître, et dans le même instant
Que pour votre intérêt je me tourmentais tant.
Lorsque Naples vous vit quitter votre famille,
J'avais, vous le savez, en mes mains votre fille
Dont j'élevais l'enfance, et qui, par mille traits,
Faisait voir dès quatre ans sa grâce et ses attraits.
Celle que vous voyez, cette infâme sorcière,
Dedans notre maison se rendant familière,
Me vola ce trésor. Hélas ! de ce malheur
Votre femme, je crois, conçut tant de douleur,
Que cela servit fort pour avancer sa vie.
Si bien qu'entre mes mains cette fille ravie
Me faisant redouter un reproche fâcheux,
Je vous fis annoncer la mort de toutes deux.
Mais il faut maintenant, puisque je l'ai connue,
Qu'elle fasse savoir ce qu'elle est devenue.
    Au nom de Zanobio Ruberti, que sa voix
Pendant tout ce récit répétait plusieurs fois,
Andrès, ayant changé quelque temps de visage,
A Trufaldin surpris a tenu ce langage :
Quoi donc ! le ciel me fait trouver heureusement
Celui que jusqu'ici j'ai cherché vainement,
Et que j'avais pu voir sans pourtant reconnaître
La source de mon sang et l'auteur de mon être !
Oui, mon père, je suis Horace votre fils.
D'Albert, qui me gardait, les jours étant finis,
Me sentant naître au cœur d'autres inquiétudes,
Je sortis de Bologne, et, quittant mes études,
Portai durant six ans mes pas en divers lieux,
Selon que me poussait un désir curieux.
Pourtant, après ce temps, une secrète envie
Me pressa de revoir les miens et ma patrie :
Mais dans Naples, hélas ! je ne vous trouvai plus,
Et n'y sus votre sort que par des bruits confus.

Si bien qu'à votre quête ayant perdu mes peines,
Venise pour un temps borna mes courses vaines :
Et j'ai vécu depuis, sans que de ma maison
J'eusse d'autres clartés que d'en savoir le nom.
Je vous laisse à juger si, pendant ces affaires,
Trufaldin ressentait des transports ordinaires.
Enfin, pour retrancher ce que plus à loisir
Vous aurez le moyen de vous faire éclaircir
Par la confession de votre Egyptienne,
Trufaldin maintenant vous reconnaît pour sienne ;
Andrès est votre frère ; et, comme de sa sœur
Il ne peut plus songer à se voir possesseur,

ACTE IV, SCÈNE III.
TRUFALDIN. Où l'envoyai-je jeune, et sous quelle conduite ?

Une obligation qu'il prétend reconnaître
A fait qu'il vous obtient pour épouse à mon maître,
Dont le père, témoin de tout l'événement,
Donne à cet hyménée un plein consentement,
Et, pour mettre une joie entière en sa famille,
Pour le nouvel Horace a proposé sa fille.
Voyez que d'incidents à la fois enfantés !
CÉLIE. Je demeure immobile à tant de nouveautés.
MASCARILLE. Tous viennent sur mes pas, hors les deux championnes,
Qui du combat encor remettent leurs personnes.
Léandre est de la troupe et votre père aussi.
Moi, je vais avertir mon maître de ceci,
Et que, lorsqu'à ses vœux on croit le plus d'obstacle,
Le ciel en sa faveur produit comme un miracle.
(Mascarille sort.)
HIPPOLYTE. Un tel ravissement rend mes esprits confus,
Que pour mon propre sort je n'en aurais pas plus.
Mais les voici venir.

SCÈNE XV.
TRUFALDIN, ANSELME, PANDOLFE, CÉLIE, HIPPOLYTE, LÉANDRE, ANDRÈS.

TRUFALDIN. Ah ! ma fille.
CÉLIE. Ah ! mon père.
TRUFALDIN. Sais-tu déjà comment le ciel nous est prospère ?
CÉLIE. J'en viens d'entendre ici le succès merveilleux.
HIPPOLYTE *à Léandre*. En vain vous parleriez pour excuser vos feux,
Si j'ai devant les yeux ce que vous pouvez dire.
LÉANDRE. Un généreux pardon est ce que je désire :
Mais j'atteste les cieux qu'en ce retour soudain
Mon père fait bien moins que mon propre dessein.
ANDRÈS *à Célie*. Qui aurait jamais cru que cette ardeur si pure
Pût être condamnée un jour par la nature !
Toutefois tant d'honneur la sut toujours régir,

Qu'en y changeant fort peu je puis la retenir.
CÉLIE. Pour moi, je me blâmais et croyais faire faute
Quand je n'avais pour vous qu'une estime très-haute
Je ne pouvais savoir quel obstacle puissant
M'arrêtait sur un pas si doux et si glissant,
Et détournait mon cœur de l'aveu d'une flamme
Que mes sens s'efforçaient d'introduire en mon âme.
TRUFALDIN *à Célie*. Mais, en te recouvrant, que diras-tu de m
Si je songe aussitôt à me priver de toi,
Et t'engage à son fils sous les lois d'hyménée ?
CÉLIE. Que de vous maintenant dépend ma destinée.

SCENE XVI.
TRUFALDIN, ANSELME, PANDOLFE, CÉLIE, HIPPOLYTE, LÉ LÉANDRE, ANDRÈS, MASCARILLE.

MASCARILLE *à Lélie*. Voyons si votre diable aura bien le pouvo
De détruire à ce coup un si solide espoir,
Et si, contre l'excès du bien qui nous arrive,
Vous armerez encor votre imaginative.
Par un coup imprévu des destins les plus doux,
Vos vœux sont couronnés et Célie est à vous.
LÉLIE. Croirai-je que du ciel la puissance absolue...
TRUFALDIN. Oui, mon gendre, il est vrai.
PANDOLFE. La chose est résolue.
ANDRÈS *à Lélie*. Je m'acquitte par là de ce que je vous dois.
LÉLIE *à Mascarille*. Il faut que je t'embrasse et mille et mille
Dans cette joie...
MASCARILLE. Aïe ! aïe ! doucement, je vous prie
Il m'a presque étouffé. Je crains fort pour Célie,
Si vous la caressez avec tant de transport.
De vos embrassements on se passerait fort.

ACTE IV, SCÈNE VII.
TRUFALDIN *montrant son bras*. Un bâton à peu près... oui, de cette

TRUFALDIN *à Lélie*. Vous savez le bonheur que le ciel me ren
Mais puisqu'un même jour nous met tous dans la jo
Ne nous séparons point qu'il ne soit terminé ;
Et que son père aussi nous soit vite amené.
MASCARILLE. Vous voilà tous pourvus. N'est-il point quelque f
Qui pût accommoder le pauvre Mascarille ?
A voir chacun se joindre à sa chacune ici,
J'ai des démangeaisons de mariage aussi.
ANSELME. J'ai ton fait.
MASCARILLE. Allons donc : et que les cieux prospér
Nous donnent des enfants dont nous soyons les pèr

FIN DE L'ÉTOURDI.

Paris. — Typographie Plon frères, rue de Vaugira

www.ingramcontent.com/pod-product-compliance
Lightning Source LLC
Chambersburg PA
CBHW070457080426
42451CB00025B/2778